JN005755

プロ野球にまつわる言葉を
イラストと豆知識でズバァ ──ンと読み解く

プロ野球語辞典

令和の怪物現る！編

著 長谷川晶一　　絵 佐野文二郎

はじめに

まさかの事態に驚いています。まさか、こんな日が訪れるなんて……。
2017（平成29）年に『プロ野球語辞典』を出版したときには、
こうして、二度目の「はじめに」を書くとは思っていませんでした。

おかげさまで、前作は筆者の想像以上に大好評。担当編集者からは、
「ぜひ第二弾を出しましょう！」と熱心に提案されました。
それでも、僕は言いました。

──もう、これ以上、「プロ野球語」はないですよ……。

この言葉を聞いた編集者は寂しそうに肩を落として帰宅しました。
僕は悔しさをかみしめ、「だって書けないんだもん」と涙しました。
自分の無力さを嘆き、絶望の淵に沈んでいたのです……。

……ウソです、全部ウソです。真っ赤なウソです！

編集者の提案を受け「ぜひぜひぜひぜひぜひぜひぜひ！」と即答。
なぜなら、次々と「あの用語も書きたい」「この用語も載せたい」と、
前作で書ききれなかった「プロ野球語」が、僕の頭に浮かんできます。
時代は平成から令和へと変わり、新しい言葉も生まれています。

こうして、あっという間に出来上がったのがこの本です。
前作同様、役に立つこと１割、役に立たないこと９割ですが、
それでも、大人から子どもまで、マニアからビギナーまで、
野球を愛する人ならば誰でも楽しめる内容だと自負しています。

どうぞ、気が向いたページから気楽な気持ちで読み進めてください。
――さぁ、プレーボールです！

この本の見方と楽しみ方

言葉の見方

50音順に、「ルール」「戦術」「歴史的事件」「あだ名」「グッズ」などの、プロ野球にまつわる言葉を配列しています。

---

❶ **いいにおいがした……**

❷ 【いい匂いがした……】㊛

❸ 球界（→p.54）屈指のイケメン・小林誠司（巨人）が、かつて小学校を訪問した際に、隣に座った女子小学生が感激のあまり涙を浮かべながら口走ったセリフ。ちなみに、筆者が小林にインタビューした際には石鹸のいい香りがして、「あのとき彼女が言っていたのは、この香りか……」と少女の気持ちがよく理解できた。

❹ **てつじん** 【鉄人】㊙

ケガなくずっと試合に出続け、きちんと成績を残す選手のこと。……いや、ケガをしても出場を続ける強靱な肉体と意思を持つ英雄のこと。衣笠祥雄（元広島）、金本知憲（元阪神など）ら、連続試合出場記録を誇る一部の選手のみに与えられる称号。

---

❶読み方
用語の読み方をひらがなで記しています。

❷漢字、カナ・英語表記
一般的な表記を【　】内に記しています。

❸言葉の意味や説明
その語句の説明や豆知識を記しています。

❹アイコン

アイコンの種類

㋝ ルール	㋜ プロ野球で取り決められている制度	㋜ 試合中に起こることなど	㋑ イベント
㋞ グッズ	㋜ 名言。たまに迷言も	㋜ 球史に残る出来事	㋜ 球場に関すること
㋐ 職業、役職	㋜ 戦術	㋜ タイトル、偉業、記録	㋜ 大会
㋜ 団体、組織	㋜ 投球に関すること	㋜ 打撃に関すること	㋜ 守備に関すること
㋜ 走塁に関すること	㋜ 道具	㋜ ネット用語	㋜ あだ名など
㋜ マスコット	㋜ 役割	㋜ 作品	㋜ メディア
㋜ 施設	㋜ サービス	㋜ パフォーマンス	㋜ 飲食
㋜ その他			

読み解き方

プロ野球に関して気になった言葉があれば、その頭文字から該当の
ページを探してください。

1 野球の知識を深める

プロの部分だけでなく、野球の基礎的なことも掲載していま
す。「ゲーム差」「配球」など、スポーツニュースなどを観て
いて気になった語は、この本で調べてみてください。

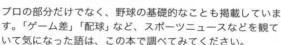

2 プロ野球の歴史を知る

プロ野球には80年以上の歴史があります。
生まれる前に活躍していたヒーローや、出来事にも
目を向けるとプロ野球はもっと面白くなります。

3 気軽に読む

ふとしたときに、ぱらぱらとめくってみてください。
ページのリンクをたどっていくと、意外な言葉に行き着くかも？

4 コラムを読んで、
よりディープな魅力にハマる

コラムでは、ニックネーム、名言や珍言、野球に関する仕事、
野球好き女子、ファンクラブなどなど、プロ野球を取り巻く
さまざまな事柄について取り上げています。それらは
ほんの入り口に過ぎませんが、楽しそう！と思ったら
飛び込んでいくのもアリです。

巻末資料・INDEXについて

巻末には、プロ野球の基本情報をまとめました。また、アイコンごとのINDEXも設けたので、
気になるカテゴリを重点的に読みたいときにお役立てください。

\ 日本には全部で12球団が! /

日本全国ホームチームマップ

北は北海道から南は福岡まで、北陸や四国を除いて、現在は日本全国に両リーグ合わせて
全12球団が存在。どのチームが、どの地域を本拠地としているのかチェックしてみよう!

セ ……セントラル・リーグ(セ・リーグ)所属球団　　**パ** ……パシフィック・リーグ(パ・リーグ)所属球団

東北楽天ゴールデンイーグルス **パ**

宮城県／楽天生命パーク宮城

宮城県仙台市を本拠地とする東北地方唯一のプロ野球チーム。2004年の球界再編騒動に端を発し、50年ぶりに誕生した新球団。楽天とライブドアによる加盟競争を経て、楽天が球団経営に着手。初期の所属選手はオリックス・ブルーウェーブの一方的な分配ドラフトによるものだったため苦難のスタートも、13年、星野仙一監督の下で田中将大が24勝0敗という驚異的成績を記録して悲願の日本一に。

阪神タイガース **セ**

兵庫県／阪神甲子園球場

「大阪」のイメージが強い阪神は、実は創設以来「兵庫」が本拠地。1935年の大阪タイガースがルーツで、12球団有数の熱狂的ファンが本拠地・甲子園球場を埋め尽くす。巨人に対するライバル意識はハンパなく、「巨人」とは言わずに徹底的に「読売」と呼ぶ。チームを愛し抜き、好調時には溺愛し、不振時には激烈な野次が飛ぶ。「六甲おろし」は神聖な国歌で、デイリースポーツはバイブル的存在。

埼玉西武ライオンズ **パ**

埼玉県／メットライフドーム

かつては「福岡のライオンズ」だったが、1979年からは埼玉に移転し、早くも40年以上が経過した。1950年、西鉄クリッパーズとして発足。福岡を拠点に51年からは西鉄ライオンズとなり黄金時代を築いたが、70年の黒い霧事件によりチームは弱体化。72年限りで身売りし、73年には太平洋クラブ、77年にはクラウンライターとチーム名は二転三転したものの、埼玉移転後の80年代は再び黄金時代を作り上げた。

広島東洋カープ **セ**

広島県／MAZDA Zoom-Zoomスタジアム広島

原爆ドーム近くの広島市民球場を本拠地としていたが、2009年からは現在のズムスタに。親会社を持たない市民球団として1950年に発足し、戦後復興の象徴として市民の期待を一身に背負うものの、チームはなかなか勝てず経営難に苦しむ。75年に帽子、ヘルメットを紺から赤に変更し、初のリーグ制覇。「赤ヘル旋風」を巻き起こす。近年では女性ファンが急増し、多くの「カープ女子」を生み出した。

福岡ソフトバンクホークス **パ**

福岡県／福岡PayPayドーム

1978年オフを最後にライオンズが福岡を去った。以後、空白期間はあったものの、大阪府堺市を本拠地とし南海鉄道が親会社だった南海ホークスがダイエーに身売り。89年シーズンからは本拠地を福岡に移してダイエーホークスとして再出発。2005年からはソフトバンクが親会社となり球団運営。孫正義オーナーの下、潤沢な資金もあって、補強と育成と勝利を手にし、黄金時代をひた走っている。

オリックス・バファローズ **パ**

大阪府／京セラドーム大阪

2004年のオリックスと近鉄との球団合併により誕生。前身は1936年発足の阪急軍で、阪急ブレーブス時代の70年代には黄金時代を築くも、88年限りでオリックスへ身売り。オリックス・ブルーウェーブ時代の95年には「がんばろうKOBE」を旗印にリーグ制覇。その後、2004年の球界再編騒動による近鉄との合併により、現在の呼称に。現在の本拠地である京セラドーム大阪はかつての近鉄の本拠地。

阪神

広島

オリッ

ソフトバンク

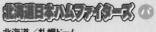

北海道日本ハムファイターズ （パ）

北海道／札幌ドーム

日本最北端のプロ野球チーム。1946年に発足し、セネタース→フライヤーズ（東急→急映→東急→東映）→日拓ホームフライヤーズ→日本ハムファイターズと変遷。2004年からは現在の北海道に本拠地を移転。新庄剛志、ダルビッシュ有、中田翔、大谷翔平など次々とスターを生み、見事に地域密着を成功させた。2023年3月の新球場開業を目指し、現在「北海道ボールパークプロジェクト」始動中。

東京ヤクルトスワローズ （セ）

東京都／明治神宮野球場

巨人と同じく、球団創設以来ずっと東京が本拠地。国鉄（現・JR）が母体となり、国鉄スワローズとして1950年に創設された。その後、経営母体がサンケイに移ったものの、70年から現在のヤクルトとなり、アトムズ、スワローズと変遷。チームは弱かったが、78年、創設29年目にして、広岡達朗監督の下、初のリーグ制覇。王者・阪急を下して日本一に。2019年にはヤクルト球団誕生50周年を迎えた。

千葉ロッテマリーンズ （パ）

千葉県／ZOZOマリンスタジアム

東京、仙台、川崎、そして千葉と移転を繰り返すも、1992年に千葉に移って以来、約30年が経過。千葉の球団として完全に定着。1950年、毎日オリオンズとしてスタート以降、永田雅一率いる大映、ロッテと親会社は変遷。73年以降は東京から仙台へ移転し、77年頃までは「ジプシー球団」と称されたことも。統制のとれた応援スタイルは唯一無二の圧倒的存在感を誇り、他球団の追随を許さない。

読売ジャイアンツ （セ）

東京都／東京ドーム

球団発足以来、一貫して東京を本拠地とする。球界の盟主を任じるプロ野球界の中心的存在で、「プロ野球の父」と呼ばれた正力松太郎が1934年に設立。遺訓は「巨人軍は紳士たれ、巨人軍は強くあれ、巨人軍はアメリカ野球に追いつき、そして追い越せ」。65年から73年まで川上哲治監督の下、前人未到の9年連続日本一に輝く。現在は三度目の就任となる原辰徳が監督を務め、黄金時代再来を目指す。

中日ドラゴンズ （セ）

愛知県／ナゴヤドーム

球団発足以来、一貫して名古屋が本拠地。1936年に誕生した名古屋軍がルーツで、東海地方を中心に熱烈なファン数を誇る。親会社は中日新聞社で、「東の巨人、西の阪神」に対抗すべく、東海圏での存在感は抜群。また、球団マスコットのドアラは全国区の人気者に成長した。かつての本拠地であるナゴヤ球場は今でもファーム球場、選手寮として使用。現在の本拠地、ナゴヤドームは1997年に開場。

横浜DeNAベイスターズ （セ）

神奈川県／横浜スタジアム

1950年に誕生したものの、大洋漁業、TBS、そしてDeNAと親会社がたびたび変わり、本拠地も山口、大阪、川崎、横浜と変遷した。しかし、2012年にDeNAが球団経営に乗り出してからは運営も安定。横浜スタジアムの改修効果もあり、観客動員は急上昇し、地域密着も着々と進み、優良経営の道を歩む。2020年は球団誕生70周年を記念して、数々の「アニバーサリーイベント」が計画されている。

プロ野球語辞典 もくじ
令和の怪物現る！編

あ行

か行

ナ行

た行

 な行

や行

ら行

わ行

巻末付録

おさらい！

プロ野球の基礎知識

※本書のデータは2020年4月時点のものです。
※本書に掲載の画像、イラストは、イメージです。球団
　グッズ等は著者・編集部の私物です。

プロ野球史
あれこれ

プロ野球重大＆どうでもいいニュース

平成の31年間、いろいろなニュースがありました。忘れちゃいけない重大事件、
覚えていても何の役にも立たない珍事件を、まとめてご紹介。あれも平成、これも平成だ！

球史に残る大事件！編

歴史の影にはさまざまな苦難と奮闘あり。
現在の興隆を築いた先人たちの努力に感謝。

1 球界再編騒動（平成16年）

現行の12球団2リーグ制存続か、それとも10球団1リーグ制への移行
かで球界が揺れに揺れた2004年。球団フロントと選手サイドとの対立が
激化し、球界初のストライキが行われる非常事態に。もしも1リーグ制に
移行していたら、現在の球界はどうなっていたのか？

2 近鉄バファローズ消滅（平成16年）

上記の球界再編騒動のきっかけとなったのは、近鉄とオリックスの合
併の話からだった。結果的に、近鉄バファローズは消滅。多くのファ
ンの嘆きとともに、50年ぶりの新球団楽天イーグルスが誕生した。

3 野茂英雄メジャーへ（平成7年）

固く閉ざされていたメジャーへの扉をこじ開けたのが、野茂英雄だっ
た。渡米当時は「裏切り者」と罵られることもあったが、見事に結果
を残し、多くの後輩選手たちの希望の光となった。

4 交流戦スタート（平成17年）

長年の夢だったセ・リーグとパ・リーグの交流
戦がついに実現。新鮮なカード、刺激的な
対決が続々と実現し、ファンは歓喜した。

5 東日本大震災（平成23年）

未曾有の大震災は「野球」というスポーツの
持つ意味、意義を人々に問い直すこととなっ
た。平和だからこそのスポーツなのだ。

トラブル・憂慮編

ノムさん（→p.24）は言った。「失敗」と書いて、「せいちょう」と読むと。
花も嵐も踏み越えて〜！ 改めてふり返る。平成トラブルヒストリー。

1 野球賭博（平成27年）

試合の勝敗を対象とした賭博のこと。もちろん違法で、八百長の温床となる。昭和時代の「黒
い霧事件」に続き、2015年には巨人の現役投手3人が関与していたことが明るみに。

2 脱税事件（平成9年）

名古屋市の経営コンサルタントの指南により、多くの現役プロ野球選手が関与した脱税事
件。名古屋国税局の強制捜査で真相が明らかになり、19選手がコミッショナー処分を受けた。

3 地上波中継激減（平成中期）

子どもの野球離れやJリーグの台頭、娯楽の多様化、多チャンネル時代の到来などさまざ
まな要因により、平成中期から野球中継の視聴率は低下し、中継撤退が一気に加速した。

歴史的快挙！編

今でも忘れられない名シーンの数々。
いつの時代もヒーローが時代を作るのだ！

1 WBC2連覇！（平成21年）

王貞治監督が率いた2006年の第1回大会に続いて2009年の第2回大会では、原辰徳監督が宿命のライバル・韓国を撃破し、見事に連覇を達成。アメリカ、キューバという強豪国を相手に一歩も引かない見事な戦いを見せ、「日本野球、ここにあり！」を世界に印象づけた。松坂大輔（→p.23）は2大会連続MVPに。

2 松井秀喜Wシリーズ MVPに！（平成21年）

2009年、ヤンキースとフィリーズの間で行われた米・ワールドシリーズにおいて、松井秀喜は3本塁打、8打点を記録。ヤンキースの世界一奪取に貢献し、見事日本人選手初のMVPに輝いた。

3 イチロー引退（平成31年）

令和に改元される直前の2019年3月21日、マリナーズのイチローは東京ドームで行われた対アスレチックス戦終了後に、現役を引退。世界中のファンが見守る中で最後の勇姿を披露した。

4 ミスタートリプルスリー（平成27年）

「打率3割、30本塁打、30盗塁」を意味するトリプルスリーの大偉業。ヤクルト・山田哲人は、2015、2016、2017年と実に3度も達成。

5 二刀流・大谷翔平（平成25年）

誰もが不可能だと思っていた「投手・野手」の二刀流だが、大谷翔平は難なく両立に成功。現在はアメリカでその勇姿を披露している。

実はこんなことも平成です編

今では当たり前となったあんなことも、
こんなことも平成時代のスタートなんです！

1 観客の実数発表（平成17年）

昭和から平成中期にかけて、観客動員数はおおよその数字で発表されていた。しかし、2004年の球界再編騒動を契機として、「経営改善のためにも観客動員の実数発表が重要だ」という機運が高まることに。こうして、翌2005年からようやく実数発表が行われるようになった。

2 SBOからBSO表示に（平成22年）

長らく世界標準では「B（ボール）、S（ストライク）、O（アウト）」表示だったが、日本はずっと「SBO」の順に表示していた。国際基準にならって、2010年から日本もBSOで表示するようになった。

3 クライマックスシリーズ開始（平成19年）

2004年からプレーオフ制度を開始していたパ・リーグにならい、2007年からはセ・リーグでも導入が決定。ファンからの公募により、クライマックスシリーズと名づけられることに。略称は「CS」。

4 コリジョンルール誕生（平成28年）

2014年にMLBで採用され、2016年からは日本でも導入。本塁上での過激な接触プレーが禁止され、ラフプレーによる負傷者は大幅に激減。

5 リクエスト制度導入（平成30年）

審判の判定に異議がある場合、監督がビデオ映像によるリプレー検証を求めることができる制度。MLBにならい、日本も2018年から導入された。

平成何でもランキング  投手編

平成年間を通じて、誰がもっとも試合で投げたのか？　誰がいちばん白星を挙げたのか？
誰が最多被弾ピッチャーなのか？　投手にまつわる数々の記録を一挙にご紹介しよう！

《 実働年数 》
誰がいちばん長く現役生活を続け、マウンドに上がり続けたのか？

①位 山本昌（中）**26**年＋

②位 三浦大輔（洋、横、D）
25年

③位 工藤公康
（西、ダ、巨、横、西）
22年＋

50歳まで現役生活を続けた山本昌は、数多くの「最多●●記録」を誇っているが、やはり実働期間も圧倒的。1位の山本昌同様に、2位の三浦大輔も同一球団で四半世紀プレーした。一方、3位の工藤公康は「優勝請負人」として西武、ダイエー、巨人で優勝を経験。山本昌も工藤も、ともに昭和時代から黙々と投げ続けた伝説のレジェンド投手だ。

《 通算投球回 》
現役生活を通じて、もっともイニング数を稼いだ投手が誰だ？

①位 山本昌（中）**3297 2/3**回＋

②位 三浦大輔（洋、横、D）**3276**回

③位 石川雅規（ヤ）**2670 1/3**回☆

実働年数ナンバーワンの山本昌がここでもやっぱりトップ。2位は僅差で三浦大輔。両者はともに「実働年数部門」において1位、2位コンビ。注目すべきは3位の石川雅規。今もなお現役で先発ローテーションの一角を守り続ける石川は2020年に40歳になったばかり。通算200勝も視野に入ってきた。山本昌、三浦のようにまだまだ元気に投げ続けてほしい。

《 通算勝利数 》
もっとも白星を挙げてチームに貢献したのはどの投手だ？

①位 山本昌（中）**214**勝＋

②位 西口文也（西）**182**勝

③位 工藤公康（西、ダ、巨、横、西）**177**勝＋

ここでも、当然山本昌がナンバーワン。2位は平成期間、西武のエースを守り抜いた西口文也がランクイン。二度のノーヒットノーラン未遂が印象的な西口は実働21年間で10度の二けた勝利を記録。97年は沢村賞と最多勝、98年も最多勝を獲得。しなやかなフォームから繰り出される伸びのあるストレートとチェンジアップで打者をキリキリ舞いさせた。

《 通算登板数 》
誰がもっとも試合に登場し、チームに貢献し続けたのか？

①位 岩瀬仁紀（中）
1002登板

②位 五十嵐亮太（ヤ、ソ、ヤ）
777登板☆

③位 藤川球児（神、神）
710登板☆

上位3名はやはり救援投手ばかりとなった。昭和時代と異なり、投手分業制が確立した平成時代において1000試合以上も登板したのは岩瀬仁紀ただ一人。常にチームの勝ち負けがかかった緊迫する場面でこれだけの数字を記録したのは立派のひと言。2位の五十嵐亮太、3位の藤川球児はともに令和時代も現役選手として第一線で投げ続けている。

《 通算勝率 》
（50勝以上） 「負けない男」の称号にふさわしい勝率の優れた投手たち

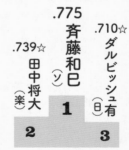

.775
斉藤和巳（ソ）
1

.739☆
田中将大（楽）
2

.710☆
ダルビッシュ有（日）
3

1位から3位まではフレッシュな顔ぶれが並んだ。故障に泣かされた「悲運のエース」、斉藤和巳が堂々の1位。実働11年で通算成績は79勝23敗。3位以下は、4位・山口鉄也（巨）、5位・和田毅（ダ、ソ、ソ）、6位・菅野智之（巨）、7位・杉内俊哉（ダ、ソ、巨）、8位・斎藤雅樹（巨）と続く。和田と菅野は2020年シーズンも現役続行中だ。

《通算ホールド数》

陰でチームを支える仕事人・セットアッパーたちの渋い活躍

- **①位** 宮西尚生（日）**294**ホールド☆
- **②位** 山口鉄也（巨）**273**ホールド
- **③位** 浅尾拓也（中）**200**ホールド

1位は日本ハムの鉄腕、宮西尚生。2020年も主力として活躍中。2位の山口鉄也は育成出身から「勝利の方程式」の一角に駆け上った。3位・浅尾拓也も晩年こそ故障に苦しんだものの、2010年にはNPB歴代記録となる47ホールドを記録。翌11年にはMVPにも輝いた。端正な顔立ちで「浅尾きゅん」と呼ばれた浅尾は、現在は後進の指導に当たっている。

《通算セーブ数》

のしかかるプレッシャーをはねのけてチームに勝利をもたらす男たち

- **①位** 岩瀬仁紀（中）**407**セーブ
- **②位** 高津臣吾（ヤ、ヤ）**286**セーブ
- **③位** 佐々木主浩（横、横）**252**セーブ

2位・高津臣吾、3位・佐々木主浩はともにMLBでクローザーとして活躍したものの、日本で投げ続けた岩瀬仁紀が両者を抑えて堂々の1位に輝いた。高津は日米韓台通算347セーブ、佐々木は日米通算381セーブを記録している。以下、4位・サファテ（広、西、ソ）、5位・小林雅英（ロ、巨、オ）、6位・藤川球児（神、神）と続く。

《通算奪三振数》

投手対打者の真っ向勝負、投手の勲章・三振をもっとも奪った投手は？

- **①位** 三浦大輔（洋、横、D）**2481**
- **②位** 工藤公康（西、ダ、巨、横、西）**2287+**
- **③位** 山本昌（中）**2272+**

平成期間を通じてもっとも三振を奪ったのは実働25年の三浦大輔だった。以下、4位・杉内俊哉（ダ、ソ、巨）、5位・石井一久（ヤ、ヤ、西）、6位・西口文也（西）、7位・佐々岡真司（広）と続く。ちなみに、MLBでも活躍を続けた野茂英雄（近）は日本では実働5年で1204個、ダルビッシュ有は実働7年で1250個という大記録を残している。

《通算完投数》

今や絶滅危惧種となった「先発完投」投手ランキング

- **①位** 斎藤雅樹（巨）**106+**
- **②位** 桑田真澄（巨）**98+**
- **③位** 星野伸之（オ、神）**96+**

昭和時代から活躍するレジェンドたちが見事に1位から3位を独占。斎藤は最多勝5回、沢村賞3回を獲得する偉大な投手。ちなみに、長嶋茂雄監督時代に「巨人三本柱」として、斎藤、桑田とともに活躍した槙原寛己は通算72完投の11位。3位以下は、4位・小宮山悟（ロ、横、ロ）、5位・西崎幸広（日、西）、同数80回で5位だったのが野茂英雄（近）。

《通算奪三振率》
（900投球回以上）

1試合（9イニング）投げて、いくつの三振を奪えるか？

10.31
野茂英雄（近）
1

9.40☆
則本昂大（楽）
2

9.28
杉内俊哉（ダ、ソ、巨）
3

やはり、日米で「ドクターK」と称された野茂英雄の数字が際立つ。注目すべきは2位の則本昂大。2019年には破格の7年契約を締結し、生涯楽天宣言。3位以下は、4位・伊良部秀輝（ロ、神）、5位・ダルビッシュ有（日）、6位・石井一久（ヤ、ヤ、西）と豪腕投手が続く。

※記録は平成30（2018）年シーズン終了時点のもの
※「☆」は2020年シーズン現役選手、「+」は昭和時代の記録あり

《通算無四球試合》

精緻なコントロールを誇る最強精密機械はどの投手だ？

① 位 **上原浩治**（巨、巨）**21**試合

② 位 **斎藤雅樹**（巨）**17**試合＋

② 位 **黒田博樹**（広、広）**17**試合

「ミスターコントロール」の称号は日米で活躍した上原浩治に輝いた。斎藤雅樹、黒田博樹はともに実働13年で17試合を記録。以下、4位・三浦大輔（洋、横、D）、5位・星野伸之（オ、神）、6位・成瀬善久（ロ、ヤ）、そして7位には石井丈裕（西、日）、田中将大（楽）、金子千尋（オ、日）、涌井秀章（西、ロ、楽）という顔ぶれが並んでいる。

《通算与四球数》

「ミスター・ノーコン」、もっとも四球を与えた投手は誰だ？

① 位 **石井一久**（ヤ、ヤ、西）**941**四球

② 位 **西口文也**（西）**906**四球

③ 位 **三浦大輔**（洋、横、D）**882**四球

《通算防御率》
（900投球回以上）

もっとも打者を抑えた
防御率の優れた投手たち

**1.99☆
ダルビッシュ有
（日）**

**2.17☆
菅野智之
（巨）**

**2.30☆
田中将大
（楽）**

1

2

3

1位から3位まで、2020年時点の現役選手が並んだ。1位のダルビッシュ有も、3位の田中将大もいずれも日本時代に残した成績。2位の菅野智之は現在も巨人に所属しており、この記録が良化するのか、悪化するのか、注目したい。以下、4位・岩瀬仁紀（中）、5位・前田健太（広）、6位・斎藤雅樹（巨）、7位・菊池雄星（西）と並んでいる。

《通算与死球数》

まさに「打者泣かせ」。荒れ球を武器に活躍した男たち

① 位 **石井一久**（ヤ、ヤ、西）**100**死球

② 位 **渡辺俊介**（ロ）**96**死球

③ 位 **涌井秀章**（西、ロ、楽）**95**死球☆

平成期間でもっとも死球を与えたのは石井一久。左腕から繰り出される豪速球は打者をキリキリ舞いさせた。また地面すれすれから浮き上がるようなボールを武器にしていた渡辺俊介も死球は多かった。3位涌井は令和時代が到来した2019年には6個の与死球で通算記録は101と大台に。4位には下柳剛（ダ、日、神、楽）がランクインしている。

与死球部門に続いて、ここでも石井一久がナンバーワンに（笑）。ちなみに石井は日米通算182勝137敗という記録を残した偉大な投手。荒れ球を武器に打者に狙い球を絞らせない投球が奏功した。2位の西口文也、3位・三浦大輔はともに実働20年以上。長い間現役を続けていれば与四球が多くなるのも仕方ない。実働26年の山本昌（中）は4位に。

《通算被本塁打》

もっともホームランを打たれた男、
一発病に泣かされた投手は？

① 位 **三浦大輔**（洋、横、D）
358本

② 位 **山本昌**（中）
339本＋

③ 位 **石川雅規**（ヤ）
308本☆

ここでも、実働年数上位2名がツートップ。注目したいのは、現在も現役を続ける3位の石川雅規。神宮球場というホームランが出やすい球場を本拠地としている技巧派投手という観点から見ればこの数字も仕方のないところ。これからさらに現役生活を送る上で、まだまだ被本塁打は増えることだろう。しかし、それでも抑えるのが石川なのだ。石川はそれでいいのだ。

数字で振り返る！ 平成何でもランキング 打者編

平成年間を通じて、誰がもっとも試合に出たのか？ 誰がいちばんホームランを打ったのか？ 打率が高い選手、三振が一番多い選手は？など、打者にまつわる記録のあれこれをご紹介！

《 実働年数 》
長年にわたって仕事をまっとうした丈夫で偉大な選手は誰だ？

1 位 谷繁元信（洋、横、中）27年

2 位 山﨑武司（中、オ、楽、中）25年

3 位 石井琢朗（洋、横、広）24年

平成年間のほぼすべてでユニフォームを着続けたのが実働27年の谷繁元信。2位の山﨑武司は中日、オリックスと何度も引退危機にあったものの、2005年に楽天に移籍、翌06年に野村克也と出会い、再び才能が開花。選手寿命が延びることに。3位の石井琢朗も2009年に広島に移籍後、さらに4年間プレー。高卒後すぐにプロ入りして42歳まで現役を続けた。

《 通算打席 》
もっともバッターボックスに立つことを許された選手は誰だ？

1 位 金本知憲（広、神）10431打席

2 位 谷繁元信（洋、横、中）10336打席

3 位 石井琢朗（洋、横、広）9967打席

ここもやはり、実働年数と通算試合の上位選手が1～3位を独占。金本は広島時代の1999年7月21日から阪神時代の2010年4月17日まで1492試合フルイニング出場の世界記録保持者。通算打席数も多くなるのは当然。以下、4位・立浪和義（中）と続き、5位には中村紀洋（近、オ、中、楽、横、D）がランクイン。豪快なフルスイングで5球団で活躍。

《 通算安打数 》
2000本以上のヒットを打って、打って、打ちまくった

1 位 金本知憲（広、神）2539安打

2 位 石井琢朗（洋、横、広）2432安打

3 位 立浪和義（中）2405安打＋

平成時代に2000安打以上を放った打者は全部で21人いるが、2500安打以上は金本ただ一人の大偉業。キャリアの全ヒットが平成時代に記録されている。4位は新井貴浩（広、神、広）2203安打、5位・稲葉篤紀（ヤ、日）2167安打、6位・宮本慎也（ヤ）2133安打、7位・小笠原道大（日、巨、中）2120安打、8位・前田智徳（広）2119安打と続いている。

《 通算試合 》
試合に出続けることの難しさと大変さ、厳しさを知る男たち

1 位 谷繁元信（洋、横、中）3021試合

2 位 金本知憲（広、神）2578試合

3 位 立浪和義（中）2476試合＋

1位・谷繁元信は実働年数に続いてトップ。そして、2位・金本知憲、3位・立浪和義ともに実働21年コンビが続いた。後述するように、金本は多くの部門でトップを飾り、まさに平成時代を代表する打者と言っていいだろう。同様に立浪も多くの部門で上位にランクイン。以下、4位・石井琢朗（洋、横、広）、5位・新井貴浩（広、神、広）と並ぶ。

《 通算打率 》
（3000打席以上）

日本一ヒットを打つのが上手な巧打者3人がランキング

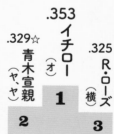

.353 イチロー（オ）　1

.329☆ 青木宣親（ヤ、ヤ）　2

.325 R・ローズ（横）　3

通算打率部門になると顔ぶれはガラッと変わり、やはりイチローが堂々の1位。日本では実働9年ながら、1994年から渡米前年の2000年まで7年連続首位打者という比類なき大偉業を達成した。2位の青木宣親はアメリカから帰国後も円熟味あふれる打撃でヒットを量産中。3位は横浜の優勝に大きく貢献したローズがランクイン。4位は柳田悠岐（ソ）。

《通算本塁打数》

豪快な一発をたくさん見せてくれたホームランアーチスト

- **1位** 金本知憲（広、神）**476本**
- **2位** T・ローズ（近、巨、オ）**464本**
- **3位** 清原和博（西、巨、オ）**434本＋**

ここでも金本知憲が堂々の1位。464本で2位につけたのは外国人選手ながら13年間にわたって、3球団で活躍したT・ローズがランクイン。近鉄時代は「いてまえ打線」の中軸として活躍し、巨人時代は外国人選手としては史上初となる両リーグでのホームラン王を獲得した。また、NPBでは唯一となる400本塁打以上を記録した外国人選手でもある。

《通算打点》

チャンスでの勝負強さは天下一品。試合を決める男たち

- **1位** 金本知憲（広、神）**1521**
- **2位** 中村紀洋（近、オ、中、楽、横、D）**1348**
- **3位** 小久保裕紀（ダ、ソ、巨、ソ）**1304**

ここでも金本知憲がナンバーワン。金本は得点、安打、本塁打、打点、四球、塁打でトップに君臨。2004年には打点王を獲得している。2位・中村紀洋、3位・小久保裕紀も「平成打撃ランキング」の常連だ。中村は00年、翌01年に、小久保は1997年に打点王を獲得。以下、4位・新井貴浩（広、神、広）、5位・清原和博（西、巨、オ）と続いている。

《通算長打率》（3000打席以上）

バットを振れば二塁打、三塁打、本塁打。
長打自慢の3人

.613 ペタジーニ（ヤ、巨、ソ） **1**
.592 A・カブレラ（西、オ、ソ） **2**
.582 松井秀喜（巨） **3**

これまで「常連組」で占められていた打撃ランキングに新顔が登場する。1位のペタジーニは2001年ヤクルト優勝の立役者となった。2位のカブレラは西武時代にはカブレラ地蔵が建立されるほどの人気を博した。3位は「ゴジラ」こと松井秀喜。2002年オフに巨人を退団した松井はヤンキース、エンゼルス、アスレチックス、レイズに移籍し12年に引退。

《通算三振》

ミスター・三振王。いや、三振が多いのは試合に出続けた証

- **1位** 谷繁元信（洋、横、中）**1838個**
- **2位** 山﨑武司（中、オ、楽、中）**1715個**
- **3位** 金本知憲（広、神）**1703個**

実働年数を重ね、出場試合が増えれば増えるほど三振も増えるのは仕方ない。「平成打撃ランキング」の常連、谷繁元信、山﨑武司、金本知憲がそろってランクイン。ちなみに、谷繁は実働27年間、金本は実働21年のキャリアにおいて、一度も年間最多三振を記録していないが、山﨑は実働25年で2010年の一度だけ年間147三振でトップになっている。

《通算盗塁成功率》
（50盗塁以上）

いくら走ってもアウトにならない、快速自慢の3人だ

87.26%☆ 西川遥輝（日） **1**
86.54%☆ 山田哲人（ヤ） **2**
86.50%☆ 荻野貴司（ロ） **3**

《通算盗塁》

もっとも盗塁を決めた男たち。平成のスピードスターは誰だ？

- **1位** 赤星憲広（神）**381**
- **2位** 荒木雅博（中）**378**
- **3位** 松井稼頭央（西、楽、西）**363**

平成年間でもっとも盗塁を成功させたのは阪神のスピードスター・赤星憲広。2001年から05年まで、セ・リーグ記録となる5年連続盗塁王に輝いた。2位の荒木雅博は同時代に赤星がいたため盗塁王に輝いたのは赤星引退後の07年のみだが、キャリア22年でコンスタントに記録を重ねた。3位・松井稼頭央はMLB時代に102個、日米通算465盗塁を記録している。

上位3人は2020年時点で現役バリバリ、まさに脂の乗り切った3選手がランクイン。西川は2014年から5年連続で30盗塁以上を記録。14、17、18年の3回盗塁王に。2位の「ミスタートリプルスリー」こと山田哲人は15年には盗塁成功率89.5%を記録し、チームの優勝に貢献した。19年に打撃開眼した荻野貴司は30代半ばにして自身初の盗塁王を狙う。

《通算犠打》

ミスター・いぶし銀。勝利のために欠かせないバント王

①位 川相昌弘 (巨、中) **517+**

②位 宮本慎也 (ヤ) **408**

③位 田中浩康 (ヤ、D) **302**

勝利のために自ら犠牲となる平成のバント王は犠打世界記録（533個）保持者の川相昌弘。バント技術は歴代最高としばしば称される。2位・宮本慎也は通算2133安打で名球会入りした選手ながら、唯一の400以上の犠打を成功させた。また、主に二番打者としてつなぎ役に徹した田中浩康も3位にランクイン。4位には294個で細川亨（西、ソ、楽、ロ）が。

《通算出塁率》

（通算3000打席以上）

ヒット、四死球、何でもいいから塁に出る貴重な戦力

.438
ペタジーニ
（ヤ、巨、ソ）
1

.4221☆
柳田悠岐
（ソ）
2

.4216
オマリー
（神、ヤ）
3

通算出塁率ナンバーワンは通算長打率トップでもあるペタジーニ。2位には2020年も現役である柳田悠岐がランクイン。3位は僅差でオマリー。阪神、ヤクルトでコンスタントに打ちまくった。以下、4位・イチロー（オ）、5位・松井秀喜（巨）、6位・落合博満（中、巨、日）、7位・青木宣親（ヤ、ヤ）とそうそうたるアベレージヒッターが続く。

《通算死球》

相手投手が警戒する、身体が頑丈な強打者ぞろいの死球王

①位 清原和博 (西、巨、オ) **160+**

②位 村田修一 (横、巨) **150**

③位 阿部慎之助 (巨) **148**

死球王はやはり清原和博。「内角が弱点だ」と言われていた清原にはインコースを鋭く突く配球が多かった。そして、2位・村田修一、3位・阿部慎之助ともに巨人の四番を務めた男たちへ容赦なく、相手バッテリーは内角を攻めたためこの結果に。以下、4位・井口資仁（ダ、ロ）、5位・稲葉篤紀（ヤ、日）、6位・中島宏之（西、オ、巨）が並ぶ。

《通算併殺打》

ダブルプレーを喫しても、臆することなくフルスイング

①位 中村紀洋
（近、オ、中、楽、横、D）**257**

②位 新井貴浩 (広、神、広) **242**

③位 谷繁元信 (洋、横、中) **236**

走者がいる場面で打席が回り、バントではなくヒッティングを許された四番打者の2人がツートップ。本来ならばチームのチャンスを一気に潰してしまい、ファンからは失望の溜息で包まれる併殺打だが、彼らはそれ以上に勝負強い打撃で多くの打点を稼ぎだしたのも事実。「タイムリーか、ゲッツーか？」中心選手ならではの表裏一体の勝負のあやを楽しみたいもの。

《通算四球》

選球眼がよく、もっとも多くのフォアボールを選んだ名選手

①位 金本知憲 (広、神) **1368**

②位 清原和博 (西、巨、オ) **1135+**

③位 谷繁元信 (洋、横、中) **1133**

前述の「通算併殺打」と同様、ここでも「2人の四番打者と谷繁さん」がランクイン（笑）。金本知憲、清原和博の場合は「フォアボールでも構わないからクサいところで勝負だ」というバッテリーの思惑が透けて見える。また、谷繁元信の場合は「次の打者は投手だからフォアボールでもいいよ」という相手ベンチの作戦が手に取るようにわかるのが興味深い。

《通算故意四球数》

いちばん敬遠されたのはいちばん試合に出た男だった

①位 谷繁元信 (洋、横、中) **158**

②位 中村武志 (中、横、楽) **105+**

③位 イチロー (オ) **98**
金本知憲 (広、神) **98**

主に八番を打つことが多く、九番打者が投手であることが多いセ・リーグのキャッチャー2人が1位と2位を占めた。谷繁元信は実働27年に対して、中村武志は実働17年でこの記録。以下、3位のイチローと金本知憲をはじめ、5位・A.カブレラ（西、オ、ソ）、6位・T.ローズ（近、巨、オ）、7位・阿部慎之助（巨）と大物スラッガーがズラリと並ぶ。

歴代「怪物」徹底比較！

いつの世にも時代を変える「怪物」がいる。「昭和」には江川卓。「平成」時代は松坂大輔。
そして、新元号「令和」が訪れた今、新たな怪物候補として注目されているのが、
2020年にロッテ入りした佐々木朗希だ。世代を超えた夢の競演。怪物徹底比較をどうぞ！

昭和 の怪物

江川卓
（元巨人・1979年〜1987年）

- ●怪物伝説1　高校時代に公式戦で9度のノーヒットノーラン達成！
- ●怪物伝説2　甲子園通算成績は6試合4勝2敗、奪三振92、奪三振率14.0！
- ●怪物伝説3　1973年春のセンバツ大会において4試合で60奪三振の無双！
- ●怪物伝説4　法政大学時代には17完封、ベストナインに6度の選出！
- ●怪物伝説5　プロ3年目の1981年には、最多勝、最優秀防御率など投手五冠！
- ●怪物伝説6　1984年オールスターゲームでは、8者連続奪三振を記録！
- ●怪物伝説7　引退後30年以上も、日本テレビ解説者を務め続ける！

昭和を代表する「怪物」、それが江川卓だ。作新学院高校時代から注目を浴びていた江川は高校時代にノーヒットノーラン9回、完全試合2回、36イニング連続無安打無失点、栃木県大会合計被安打2での甲子園出場などを記録。法政大学時代には今も破られていない17完封など、圧倒的な実力で伝説を築いた。また、どうしても巨人入りにこだわり、1977年ドラフトではクラウンライター（現西武）の1位指名を拒否。そして、翌78年ドラフト前日に野球協約の盲点を突く形で突如、巨人と契約。「空白の一日」騒動で日本中が揺れたのも江川の怪物たるゆえん。何から何まで規格外の昭和の怪物、それが江川卓だった。

えがわ・すぐる

1955年5月25日生まれ。右投右打。作新学院高等部から法政大学に進学後、1978年ドラフトで阪神から1位指名。コミッショナー裁定により、すぐに小林繁とのトレードで巨人入りし、大騒動となった。プロ入り後は阪神・掛布雅之と名勝負を繰り広げ、チームメイトの西本聖とは激しいエース争いを展開した。79年から87年までの実働9年で266試合に登板、135勝72敗3セーブ、防御率3.02。引退後は日本テレビ系解説者として活躍中。

平成 の怪物 松坂大輔

（西武－レッドソックス－メッツ－ソフトバンク－中日－
西武・1999年～現在）

- ●怪物伝説1　1998年、夏の甲子園決勝戦でノーヒットノーラン。春夏連覇！
- ●怪物伝説2　イチローとの初対決では3打席連続三振を奪う！
- ●怪物伝説3　史上初となるルーキーイヤーから3年連続での最多勝獲得！
- ●怪物伝説4　2009年、第2回WBCで2大会連続となるMVPを受賞！
- ●怪物伝説5　最多勝3回、最優秀防御率2回、最多奪三振4回、
　　　　　　　新人王、沢村賞！

1998年の夏は日本中を巻き込んだ「松坂大輔の夏」だった。高校3年夏には史上2人目となる甲子園決勝戦でのノーヒットノーランを達成。97年秋から翌年の国体決勝まで公式戦44連勝を引っ提げてプロ入り。西武に入団後も1年目から大活躍。日本代表としてWBCでも2大会連続MVPを獲得。2007年からは満を持してメジャーリーガーとなり、同年にはWBCとワールドシリーズの両方で優勝を経験した史上初の投手となった。その後、故障に苦しんだものの、アメリカでは実働8年で56勝43敗。15年からは日本球界復帰。20年も現役を続行し、「怪物伝説」は終わらない。

まつざか・だいすけ

1980年9月13日生まれ。右投右打。横浜高校から、1998年ドラフト1位で西武入り。1年目から16勝を挙げ、最多勝、ベストナイン、新人王を獲得。その後も活躍を続け、2004年アテネ五輪、06年WBCなどで日本代表として活躍。07年からはメジャーリーガーとしてレッドソックスに移籍。15年に日本球界に復帰。故障に苦しめられたが、18年には中日で6勝をマーク、復活の兆しを見せた。20年からは古巣西武に移籍。怪物伝説はなおも続く。

令和 の怪物 佐々木朗希

（ロッテ・2020年～）

- ●怪物伝説1　高校3年春の練習試合において、高校生最速の163キロを計測！
- ●怪物伝説2　高校時代に公式戦でノーヒットノーラン9回達成
- ●怪物伝説3　調整中の春季キャンプでの打撃投手登板で早くも157キロ！

しなやかなフォームから繰り出される目にもとまらぬストレートは160キロをゆうに超える。春季キャンプでは井口資仁監督、吉井理人投手コーチ、女房役の田村龍弘だけでなく、チームメイトも「怪物だ」と大絶賛。まだまだ線は細いが、ケガに注意しながら身体を鍛えれば前人未到の170キロも狙える令和を代表する怪物候補だ。

ささき・ろうき

2001年11月3日生まれ。右投右打。大船渡高校から19年ドラフト1位でロッテ入団。高校3年時に高校生史上最速となる163キロを計測。「令和の怪物」として話題に。ストレートだけではなく、スライダーの評価も高い。背番号17には「人類最速170キロ」への期待が込められている。好きなお菓子は「パイの実」。愛社精神（笑）。

\ ありがとうノムさん /

野村克也氏の軌跡

選手として、評論家として、監督として、それぞれの立場で野球を追究し続けた
野村克也が天に召された。真の野球人だった。改めて氏の功績をたどりたい。

選手時代　月見草から三冠王へ

●南海ホークス時代

1954年	● 南海ホークス入団
1957年	● 初のホームラン王に
1965年	● 戦後初の三冠王に
1969年	● 選手兼任監督に就任
1973年	● パ・リーグを制覇
1977年	● 南海退団、ロッテへ

幼い頃に父を亡くし、少しでも母を楽にさせたいとの思いから、「一番試合に出られそうなチーム」ということで南海の入団テストを受験。晴れて合格したのが1954年のこと。最初の2年間は鳴かず飛ばずだったものの、不断の努力が実を結び、プロ3年目にレギュラーに定着すると、その後は首位打者1回、本塁打王9回、打点王7回と打ちまくった。同時代の長嶋茂雄をヒマワリに例え、自らを「夜に咲く月見草」と表現した。73年からは兼任監督も歴任。名実ともにチームの柱だったが、後の沙知代夫人が原因による女性問題でチームを追われることに。

●ロッテオリオンズ～西武ライオンズ時代

1978年	● ロッテに移籍
1978年	● ロッテ監督就任要請を固辞
1979年	● 新球団・西武へ移籍
1980年	● 通算22回目の球宴出場
1980年	● 史上初の3000試合出場
1980年	● 現役引退を表明

選手として、南海時代に数々の大記録を残した野村克也も、現役晩年の衰えを隠せなかった。金田正一監督に請われて入団したロッテには1年、新球団・西武には2年在籍も、目ぼしい成績を残せずに80年オフ、ついに現役引退を決意。同年11月15日に記者会見を行い、正式に引退を表明。短命選手が多かった当時としては珍しく45歳までユニフォームを着続けた。

生涯通算成績

・南海、ロッテ、西武で実働26年！

・通算出場試合、本塁打、安打、打点は歴代2位！

・通算打席、打数、犠飛、併殺打は歴代トップ

・3017試合、2901安打、657本塁打、
　1988打点、打率.277

解説者時代　冴えわたる読み、選手心理の解説

1981年 ●	ＴＢＳテレビ解説者に
1981年 ●	『週刊朝日』連載開始
1983年 ●	テレビ朝日解説者に
1988年 ●	ダイエー監督依頼を固辞
1989年 ●	野球殿堂入り
1989年 ●	ヤクルト監督依頼を受諾

現役時代から頭脳派として鳴らした野村のもとには評論家オファーが殺到。引退直後にはＴＢＳテレビ、ＴＢＳラジオの専属解説者となり、83年からはテレビ朝日の専属に。ストライクゾーンを9分割した「野村スコープ」を画面上に映し、「次はここに投げますよ」という指摘がことごとく的中。革命的なテレビ解説に視聴者は釘付けとなった。

監督時代　ＩＤ野球を引っ提げ、稀代の名将に

1990年 ●	ヤクルト監督就任
1993年 ●	西武を倒して日本一に
1995年 ●	オリックスを撃破し日本一
1997年 ●	西武を圧倒して日本一に
1999年 ●	阪神監督に就任
2006年 ●	楽天監督に就任

南海時代は選手兼任監督だった野村には「監督専任ならばもっと結果が残せるはず」という宿願があった。ついにその夢がかなったのが1990年からのヤクルト監督就任だった。データを重視する「ＩＤ野球」を掲げて、伸び盛りの選手が多かったヤクルトを指揮。就任3年目の92年には14年ぶりのリーグ制覇。翌93年にはついに王者・西武を倒して日本一に。野村はヤクルトに黄金時代をもたらした。99〜01年は阪神、06〜09年は楽天の監督に就任。いずれも優勝はできなかったものの、野村退任後にチームは優勝。野村はやはり優れたリーダーだった。

監督通算成績

- 南海、ヤクルト、阪神、楽天で24年間も監督
- 優勝4回、日本一3回（93、95、97年）
- Ａクラス12回、Ｂクラス12回
- 3204試合1565勝1563敗76分、勝率.5003

今をときめく球界の顔は!?
推定年俸ランキング!! 2020

選手の年俸（給料）は非公表のため、選手への取材や、チーム成績、球団の財政事情
などから新聞記者たちが「推定」するのが慣習。1位は歴代最高（タイ）となったあの選手！

※外国人は除く　※「★」は、その球団の最高額　※前年比「─」は増減なし、「△」は増額、「▼」は減額
※参考「日刊スポーツ」（2020/1/28時点）

	選手名	所属	年俸（円）	前年比（円）	プロ入り年数
1	菅野智之★	巨人	6億5000万	─	8年目
2	柳田悠岐★	ソフトバンク	5億7000万	─	10年目
3	山田哲人★	ヤクルト	5億	△7000万	10年目
3	浅村栄斗★	楽天	5億	─	12年目
3	坂本勇人	巨人	5億	─	14年目
6	森 唯斗	ソフトバンク	4億6000万	△1億8000万	7年目
7	松田宣浩	ソフトバンク	4億5000万	△5000万	15年目
7	丸 佳浩	巨人	4億5000万	△5000万	13年目
9	糸井嘉男★	阪神	4億	─	17年目
10	山﨑康晃★	DeNA	3億5000万	△1億	6年目
10	中村剛也★	西武	3億5000万	△9030万	19年目
12	青木宣親	ヤクルト	3億4000万	△1000万	17年目
13	千賀滉大	ソフトバンク	3億	△1億4000万	10年目
13	菊池涼介★	広島	3億	△6000万	9年目
13	陽岱鋼	巨人	3億	─	15年目
13	岸 孝之	楽天	3億	─	14年目
13	則本昂大	楽天	3億	─	8年目
13	増井浩俊★	オリックス	3億	─	11年目
19	今宮健太	ソフトバンク	2億9000万	△3000万	11年目
19	中田 翔★	日本ハム	2億9000万	△1000万	13年目
21	鈴木誠也	広島	2億8000万	△1億2000万	8年目
22	松井裕樹	楽天	2億5000万	△1億4000万	7年目
22	大島洋平★	中日	2億5000万	△7000万	11年目
24	内川聖一	ソフトバンク	2億4800万	▼1億5200万	20年目
25	中村晃	ソフトバンク	2億4000万	─	13年目
26	山川穂高	西武	2億1000万	△1億	7年目
27	森 友哉	西武	2億	△1億2000万	7年目
27	吉田正尚	オリックス	2億	△1億1500万	5年目
27	益田直也★	ロッテ	2億	△7000万	9年目
27	藤川球児	阪神	2億	△6000万	22年目
27	西 勇輝	阪神	2億	─	12年目
27	宮西尚生	日本ハム	2億	─	13年目
27	西川遥輝	日本ハム	2億	─	10年目

プロ野球語
あ〜わ

過去に存在した球団名略称　凡例
大阪タイガース→「大阪」、南海ホークス→「南海」、阪急ブレーブス→「阪急」、近鉄バファローズ→「近鉄」、大毎オリオンズ→「大毎」、東映フライヤーズ→「東映」、西鉄ライオンズ→「西鉄」、高橋ユニオンズ→「高橋」、国鉄スワローズ→「国鉄」、大洋ホエールズ→「大洋」、横浜ベイスターズ→「横浜」、福岡ダイエーホークス→「ダイエー」

メジャーリーグ (MLB) の球団名略称　凡例
ロサンゼルス・ドジャース→「ドジャース」、サンフランシスコ・ジャイアンツ→「ジャイアンツ」、シカゴ・カブス→「カブス」、ニューヨーク・メッツ→「メッツ」、フィラデルフィア・フィリーズ→「フィリーズ」、ロサンゼルス・エンゼルス→「エンゼルス」、オークランド・アスレチックス→「アスレチックス」、シアトル・マリナーズ→「マリナーズ」、ボストン・レッドソックス→「レッドソックス」、ニューヨーク・ヤンキース→「ヤンキース」、タンパベイ・レイズ→「レイズ」

あいびーすたじあむ
【アイビースタジアム】場

宮崎県宮崎市生目の杜運動公園内にある大型野球場の通称。両翼100メートル、中堅122メートルで外野の天然芝が美しい。2003年秋季キャンプ（→p.87）から当時のダイエーが使用し、現在ではソフトバンクのキャンプ地として定着。

照明6基でナイトゲームも可能。少年野球からプロ野球まで利用されている。

あいぶらっく
【アイブラック】道

試合中のまぶしさを軽減するために、野球やアメフト選手などが目の下につける日よけ対策。シールタイプだったり、単に墨で黒く塗ったりする場合もある。目の下での太陽光反射を防ぐことで、まぶしさが軽減

されるのだという。デーゲームの際の日差し対策として用いられることが多かったが、スタジアムのカクテル光線の下で使用されるケースも。

あうとすてっぷ 【アウトステップ】投打

打撃、投球の際に、体の内側ではなく外側に足を踏み出すこと。打撃の場合は前の足をホームベースから外へ離すステップを指し、よりボールを長く見ることができるという利点がある。投球の場合は、身体が開いてしまって打者からボールが見えやすくなるという欠点が。反意語は「インステップ」（→p.36）。

あくたろう 【悪太郎】人

巨人V9時代のエースであり、後に監督も務めた堀内恒夫のニックネーム。彼の自著『オレは悪太郎』（ベースボール・マガジン社）の帯には「山があるから登るんだ。門限があるから破るんだ」と、実にふてぶてしく生意気なフレーズが躍っている。

あじあぼーる【亜細亜ボール】投

ソフトバンク・東浜巨、広島・九里亜蓮、薮田和樹、そしてＤｅＮＡ・山﨑康晃ら、亜細亜大学出身投手が投じる謎の変化球の俗称。東浜が4年、九里が3年、薮田と山﨑が2年生だった頃に、東浜によって伝授されたという。フォーク、スプリット、ツーシームともウワサされていたが、東浜によれば「シンカーです」とのこと。また、「単に握りだけを教えて、あとは勝手に彼らが進化させただけ」と東浜は語っている。

あじゃ【アジャ】人

ロッテ・井上晴哉のあだ名。由来はもちろん、伝説の女子プロレスラー、アジャ・コングから。大相撲観戦の際に力士と間違えられたという逸話を持つ彼を的確に表現した、愛らしいニックネーム。

あつお【熱男】人ハ

2015年、16年のソフトバンクのチームスローガンだったが、現在ではソフトバンク・松田宣浩のニックネームに。ホームランを打ち、チームメイトからの祝福を受けた後、外野スタンドのファンに向かって右

手を下から上に突き上げながら、「熱男〜！」と絶叫するのはお約束のパフォーマンスで、今ではすっかり定着している。

あっぷるぱんち【アップルパンチ】人

西武・外崎修汰の実家は青森県弘前市で「外崎りんご園」を経営。そこで、外崎が活躍するたびにTwitter上では「アップルパンチ」のハッシュタグとともにファンが狂喜乱舞。やがて本人もお立ち台（→p.42）でこのフレーズを使用するようになり完全に定着した。同店の名物は自然のまま完熟させる「葉とらずサンふじ」。

あつもり【熱盛】×

テレビ朝日『報道ステーション』スポーツコーナー内で、プロ野球の熱く激しいシーンを盛り上げる演出に用いられるフレーズ。同局の寺川俊平アナの暑苦しい絶叫とともに番組名物となった。今では商標登録もされ、LINEスタンプでは、「喜盛」「悲盛」「笑盛」など、幅広く展開されている。

あな【穴】守

守備が下手な選手の蔑称として、「ライトが穴だ」などと用いられる。草野球ではしばしば使用され、プロ野球では守りが不得手で強打の外国人選手が呼ばれることが多い。

あならいじんぐ・べーすぼーる
【アナライジング・ベースボール】戦

直訳すれば「分析野球」であり、2010年に横浜の監督に就任した尾花高夫が掲げたスローガン。具体的には「投手は四球を減らし、打者は少しでも多く四球を選ぶこと」を重視したものの、2年連続でチームは最下位に終わり理想が実現することはなかった。転じて、一部ファンからは「机上の空論」「理想論」を意味するものとして用いられることもしばしば。

あにやざん【安仁屋算】言

広島の大エースだった安仁屋宗八による、チームの勝利数予想の数式の別称。主に広島投手陣の白星予想の際に用いられる。定

着のきっかけとなったのは、2011年シーズン展望の際に、前田健太18勝、大竹寛16勝、ジオ11勝などと、トータル「シーズン101勝」という大胆な予想（実際は60勝）となった出来事。以来、この言葉は春の季語のような扱いとなっている。

あぷりかいいんしょう
【アプリ会員証】サ

2020年からオリックスFCが導入した新サービス。公式アプリをインストールし、会員番号とパスワードを登録すると、自分の携帯がFC会員証に。来場ポイント登録だけでなく、入会記念チケットの引き換えもアプリ上で行われるため、チケット送付の手間や送料が軽減され、紛失も防止できる優れもの。他球団でも多数採用。

あべれーじひったー
【アベレージヒッター】打

コンスタントに平均以上のヒットを打ち、高水準の打率をキープできる打者のこと。打率ランキング上位の常連。人気ゲーム『実況パワフルプロ野球』（コナミデジタルエンタテインメント）においても、特殊能力の一つとして用いられている。高い打率で、チームに大きく貢献する。

あまい【甘い】投

ストライクゾーンの真ん中辺りに投じられたボールの一般的呼称。球種に関係なく、打者にとって打ちごろのボールが来たときに、アナウンサーや解説者がしばしば「今のは甘い球でした」などと用いる。球審のジャッジが投手有利の際にも「今日のアンパイア（→p.32）は全体的に甘めですね」と使われる。反意語は「辛い」「厳しい」。

あらきとんねる【荒木トンネル】施

神宮球場にあるクラブハウスから球場へ続く地下トンネルの通称。開設されたのは1983年6月3日。明治神宮球場公式ＨＰによれば、開設理由は「甲子園で活躍した

早稲田実業・荒木大輔選手がヤクルトに入団し、熱狂的なファンから守るため」と記されている。このトンネルは、現在もヤクルト選手たちの間で使用されている。

あれくさんだー・かーとらいと【アレクサンダー・カートライト】人

19世紀に現代野球のゲームルールを確立したとされる人物。それまでは試合ごとにバラバラだったルールを統一し、文書化することを提唱した。アメリカニューヨーク州出身。

あんだせいぞうき【安打製造機】人打

ヒットを量産する打者の別称として、しばしば用いられる。かつては若松勉（元ヤクルト）、張本勲（元東映など）ら往年の大打者に用いられ、イチロー（元オリックスなど）や秋山翔吾（レッズ）など、現在でも目にすることが多い。また、19年限りで現役を引退した元ロッテ・福浦和也が「幕張の安打製造機」（→p.160）と称されていたように、しばしばアレンジされて用いられる。

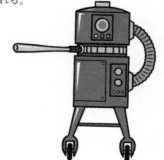

あんちどーぴんぐきてい
【アンチドーピング規定】制

クリーンで公正なスポーツを守るための一連の規定。主に禁止薬物の使用に関する規定を指すことが多い。NPB（日本野球機構→p.126）でも公式HPにおいて「NPBアンチ・ドーピングガイド」を定めている。ドーピング検査により陽性となった場合、譴責から無期限の出場停止まで4段階の処分が規定されている。禁止薬物の使用は絶対ダメ。絶対に絶対にダメ！

あんつーかー 【アンツーカー】道

一般的には高温焼成したレンガなどを粉砕した赤褐色の土のことを指し、水はけのよさが特徴。元々はフランス語で「どんな場合でも」を意味し、それが転じて「どんな天候でも」と解釈されるようになり、一般に広まったという。日本ではマツダスタジアム、神宮球場など、ほとんどのプロ向けの球場で使用されている。

アンツーカーの赤褐色が、芝の緑と相まり、鮮やかで明るい印象をもたらす。

あんぱいあ 【アンパイア】職

審判のこと。球審、塁審、線審、いずれにも当てはまる。元々は古代フランス語の「第三者」を意味する言葉が語源で、その後、現在の意味になったという説がある。

あんぶれらはるき
【アンブレラハルキ】人

2019年5月18日、雨の降りしきる熊本県・リブワーク藤崎台球場で行われたソフトバンク対日本ハム戦。自打球治療のために試合が中断されると、センターを守っていた日本ハム・西川遥輝はファンから差し出された傘を差しながらソフトバンクファンと談笑を始めた。さらに雨中の甲子園球場で行われたこの年のオールスターゲームでも西川は折りたたみ傘をポケットに忍ばせ、セ・リーグファンによる「東京音頭」の合唱に合わせて傘を振るパフォーマンスを見せて、ファンの喝采を浴びた。ナイスガイ。

いーぐるすびーる
【イーグルスビール】食

楽天生命パーク宮城（→p.173）で販売されている、東北6県のブルワリーと作ったオリジナルクラフトビールの総称。ボールパークアイピーエー（青森県）、ゴールデンラガー（福島県）、ゴールデンエール（岩手県）、クリムゾンレッドエール（秋田県）、ダークラガー（山形県）、ホワイトエール（宮城県）の全6種。各種700円〜900円。

いいにおいがした……
【いい匂いがした……】言

球界（→p.54）屈指のイケメン・小林誠司（巨人）が、かつて小学校を訪問した際に、隣に座った女子小学生が感激のあまり涙を浮かべながら口走ったセリフ。ちなみに、筆者が小林にインタビューした際には石鹸のいい香りがして、「あのとき彼女が言っていたのは、この香りか……」と少女の気持ちがよく理解できた。

いーべーすぼーるぷろりーぐ
【eBASEBALL プロリーグ】大

野球の普及振興とスポーツ文化の発展を目的として日本球界が取り組んでいる、eスポーツのプロリーグのこと。コナミデジタルエンタテインメントの『実況パワフルプロ野球』を使用し、12球団それぞれがeスポーツ選手を登録。2019年シーズンは同年11月3日に開幕。激しい戦いの末に、セ・リーグはヤクルト、パ・リーグはロッテが優勝。日本シリーズでは、クライマックスシリーズを勝ち抜いた巨人がロッテを撃破。初の日本一に輝いた。今後、広く定着することになるのか、注目されている。

いけおじ 【イケオジ】人

渋さあふれる「イケてるオヤジ」の略称。近年では選手寿命が延びたことによって、ベテラン選手の存在感がさらに増すこととなった。具体的には栗山巧（西武）、亀井善行（巨人）、坂口智隆（ヤクルト）など、各球団に多数在籍している。

いしいひさいち 人

朝日新聞に『ののちゃん』を連載中の国民的漫画家。ヤクルトファンでもあり、代表作『がんばれ!!タブチくん!!』（双葉社）では、ツバメ軍団の故・岡田正泰応援団長をいち早く紹介している。ちなみに、同作品に登場する広岡達朗は、「この漫画の影響で、いまだに僕のことを怖い人と思っている人が多い」と嘆いていた。

いしころ 【石ころ】 ⓛ

審判の俗称。その由来は、ルール上、審判はグラウンド上の石ころと同類とみなされていることから。

いしやまほんがんじ

【石山本願寺】ⓐ

ヤクルトのクローザー・石山泰稚の愛称。もちろん、「頼りになる存在」の意。本人にこのニックネームについて聞いたところ、「どうぞ好きに呼んでください。でも、"おい、本願寺！"って言われても、決して振り向きませんけどね（笑）」とのこと。

いちにるいかん 【一二塁間】 ⓣ

文字通り、一塁と二塁の間。一塁にランナーがいるときは一塁手がファーストベースにつくケースが多くなるため、必然的に一二塁間は広くなる。ヒットゾーンが広くなる左打者にとっては、とても有利に。

いちめーたー 【ICHI METER】 ⓟ

「世界一のイチローファン」と称されるエイミー・フランツさんが球場で掲げるイチ

ロー（元オリックスなど）の安打数を示したお手製ボードのこと。イチローがヒットを打つたびにテレビ画面に彼女の姿が映し出されるのはマリナーズ中継のお約束、名物シーンだった。

いっつ・ごーんぬっ！

【イッツ・ゴーンヌッ！】ⓖ

フリーランスのスポーツキャスター・近藤祐司氏の決め台詞。英語が堪能な近藤アナは、「デッドボール」は、英語の「ヒット・バイ・ピッチ」、「三者凡退」を「ワン、ツー、スリー」などと表現し、打者がホームランを放ったときには「イッツ・ゴーンヌッ！」と絶叫。近藤節のファンは多い。

いっぷす 【イップス】 ⓗ

野球やゴルフにおいて、何らかの原因により思い通りのプレーができなくなること。主に、プレッシャーやストレスなど精神的な理由で発症することが多い。投手や野手が思い通りに送球できなくなり、最悪の場合はそのまま引退するケースも。明確な対処法、治療法は見つかっていない。

いてまえだせん 【いてまえ打線】打

かつて存在した近鉄バファローズの超強力打線の愛称。特定の一時期だけではなく、栗橋茂、マニエル、羽田耕一らが名を連ねた1980年版、ブライアント、石井浩郎、金村義明らによる1992年版など、いくつかのバージョンがある。記憶に新しいのは中村紀洋、ローズ、礒部公一、吉岡雄二、川口憲史らを擁して優勝した2001年版。本当にすごい打線だった。

いなばじゃぱん 【稲葉ジャパン】団

稲葉篤紀監督率いる侍ジャパンのこと。2017年に代表監督に就任し、2019年のプレミア12ではチームを大会初となる優勝に導く。2021年に延期された東京オリンピックでの優勝を目指して頑張れ！

いにんぐいーたー

【イニングイーター】役

直訳すれば「回を食う人」で、転じて「長いイニングを投げられる人、任せられる投手」の意に。長いシーズンを考えると、投手起用に頭を悩ます監督、コーチにとっては、とても頼りになる存在。

いまなみちるどれん

【今浪チルドレン】人

日本ハム、ヤクルトで活躍した今浪隆博の熱心なファンの総称。2017年の現役引退後もなおその人気は衰えず、彼が出演するイベントチケットは即完売となる。頭の回転が速く、人を傷つけない絶妙な毒舌とシャレにファンは魅了されているのだ。

いれこみくん 【イレコミ君】グ

かつて、玩具メーカーのタカラ（現・タカラトミー）が発売していたプロ野球チームをモチーフにした人形のこと。ヘルメットを押すことで、人形の表情は笑顔、怒り顔、泣き顔、きょとんとした顔に変化。当時の少年たちはチームの勝敗に合わせて表情を変えて遊んだ。また2018年には新たに金型を作り、西武が復刻販売。翌年には楽天、巨人なども復刻された。

各チームのユニフォームを着たイレコミ君。西武（上）は40周年バージョン、楽天（左）は初代ビジターバージョン、DeNA（右）はイレコミ君発売当時の球団名・大洋ホエールズバージョンだ。

いれぶんすぽーつ
【イレブンスポーツ】〆

2019年3月16日からスタートしたスポーツ動画配信サービス。運営はEleven Sports Network株式会社で、発足初年度はプロ野球のファームの試合を年間600試合以上も無料配信していたが、現在は有料配信。試合後のハイライト動画やニュースも充実し、ファーム情報に飢えているファンにとってはとてもありがたい存在。

いわかん【違和感】他

平成中期以降から多用されるようになった言葉。「痛い」というほどではないけれど、「いつもとは違う感じ」を意味する。「肩の違和感のため登録抹消」などと使われるが、昭和ド根性スポ根野球人たちからは「違和感ぐらいで休むなんて……」と、しばしばお小言の対象となる。

いんじけーたー【インジケーター】道

ボールカウントやアウトカウントを記録するための用具（計数器）。主に球審が使用する。

レバーを押してカウントするインジケーター。

いんすてっぷ【インステップ】投打

打撃、投球の際に体の外側ではなくクロスするように内側に足を踏み出すこと。反意語はもちろん「アウトステップ」（→p.28）。

うぃーあー【We Are】パ

ホームゲームでロッテが勝利した際に選手とファンが一体となって行われる歓喜のパフォーマンス。2015年に名物広報の梶原紀章氏の発案で始まった。当初は賛否両論あったものの、毎回YouTubeにアップすることで次第に定着。ZOZOマリンスタジアムで行われた2017年のオールスターゲームではパ・リーグの勝利後、鈴木大地の先導の下、パ・リーグ各球団のスター選手たちによる感動的な「We Are」が披露された。

ういんたーりーぐ【ウインターリーグ】大

冬季に行われるプロ野球リーグ戦の総称。寒い時期に開催されるため、主にプエルトリコやドミニカ共和国などの中南米、あるいは台湾やオーストラリアなどで行われる。また、日本、韓国、台湾を中心にした「アジアウインターベースボールリーグ」も行われている。

うえすぎあずさ【上杉あずさ】人

九州を中心に活躍するタレント、アナウンサー、スポーツライター。ソフトバンクの熱烈なファンで、RKBラジオの初代タカガールとして活動中。「めざせ100キロプ

ロジェクト」と題して始球式での豪快な投
球も話題に（最速98キロ）。趣味は高校野
球、大学野球観戦。文春野球（→p.151）
にも参戦している。

うぉーきんぐてつと
【ウォーキングテツト】Ⓐ

選球眼（→p.101）がよく、四球が多いヤ
クルト・山田哲人のことを指して一部ファ
ンが命名。もちろん、海外ドラマ『ウォー
キングデッド』が元ネタ。類義語は「やま
だてくと」（→p.170）。

うぐいすじょう 【ウグイス嬢】Ⓐ

球場内のアナウンス業務を担当する女性の
俗称。ZOZOマリンスタジアムのロッテ・
谷保恵美さん（→p.109）が有名。男性の
場合は「スタジアムDJ」と呼ばれることが
多い。選挙カーで候補者名を連呼する女性
のことを指すことも。

うごくぼーる 【動くボール】投

軌道の大きい変化球ではなく、打者の手元
で小さく変化するボールを指すことが多い。
打者の胸元にちょっと食い込んで沈むツー
シームや外角にちょっと逃げるカット・ファ
ストボールがその代表例。ストレートと

比べると減速幅は小さく、ポイントは「ち
ょっと」の変化だ。

うちゅうかん 【右中間】試

文字通り、「ライト（右翼）、とセンター
（中堅）の間」のこと。音の響きだけで「宇
宙間」と勘違いし、「ボールはウチュウカ
ンを転々……」という表現に壮大なイメー
ジを重ね合わせた少年少女も少なくないは
ず。少なくとも筆者はそうだった。

うめちゃんうぉーる
【梅ちゃんウォール】Ⓐ

阪神・梅野隆太郎のブロッキングの俗称。
スポニチ読者の投票により決定した。また、
梅野には、自慢の強肩を指す「梅ちゃんバ
ズーカ」の愛称もある。

えいえんばんちょう【永遠番長】Ⓟ

2016年、長年にわたって横浜のエースを務めた三浦大輔の引退時に誕生したフレーズ。引退会見の翌日に一斉に掲示され、4日後には記念グッズが発売された。同名の写真集、記念DVDも好評を博した。

リーゼントが長すぎる「永遠番長」缶バッジ。

えいようひ【栄養費】他

プロ野球球団がアマチュア選手に「栄養摂取支援」を目的に渡す金銭のこと。食糧事情が貧困な戦後間もない時代の名残りであり、ドラフト会議誕生以前は広く手渡されていたものの、現在では「裏金にあたる」として禁止行為に。

えーけーでぃーほう【AKD砲】打

80年代末から90年代初めの西武黄金時代、超強力クリーンナップの総称。A（秋山幸二）、K（清原和博）、D（デストラーデ）の3人が並ぶ打線は、他球団にとっては脅威だった。

えーじぇんと【エージェント】職

選手本人から委任、授与されて契約交渉を行う代理人のこと。映画『ザ・エージェント』ではトム・クルーズがスポーツエージェント役を好演。p.76も参照のこと。

えがわとにしもと【江川と西本】作

隔週刊「ビッグコミックスペリオール」（小学館）に連載されていた、原作・森高夕次、漫画・星野泰視による野球漫画。80年代にしのぎを削った巨人のエースの座をめぐる江川卓と西本聖のライバルストーリーを西本サイドの視点で描く。全12巻。

©森高夕次・星野泰視／小学館

えくすぱんしょん【エクスパンション】他

直訳すれば「拡大、拡張」の意。野球界においては、主にリーグ全体の繁栄や地域活性化のために参加チームを増やすことを指す。日本球界でもしばしばエクスパンションによる16球団制が話題となり、静岡、新潟、松山、那覇が新球団の本拠地候補として名前が挙がっている。

えすでぃー【SD】職

「シニアディレクター」の略称。かつて、ヤクルトの小川淳司前監督がSD職にあった。小川いわく、「SDとはGMの仕事内容から金銭管理面を除いた仕事」と語っていた。SDやGMなどさまざまな呼称があり、球団によってその内容も職責もまちまちなのが現状。

えばーす【エバース】打

バントの構えからバットを引いて、ボールを見送る一連の動作のこと。元メジャーリーガーのジョニー・エバースがこの動作をすることで、相手内野陣を前進させて盗塁をアシストしたり、相手守備陣形を探ったりしたことから名づけられた。

えふぇーざんりゅう【FA残留】制

FA（フリーエージェント→p.148）宣言したものの、他チームに移籍することなく、所属球団に残留すること。FA宣言をしなければ権利を保有したまま翌年を迎えることができるが、宣言をすれば再取得まで4年かかる。つまり、宣言残留すれば4年間は所属球団にそのまま在籍することとなるのだ。球団も、ファンもひと安心。

えふぇーしたらさんかするのがじゃいあんつ
【FAしたら参加するのがジャイアンツ】言

2019年オフ、ＦＡ（フリーエージェント→p.148）戦線に名乗りを上げた際に巨人・原辰徳監督が放ったひと言。以下、「そうしないとＦＡがダメになる。やっぱりＦＡというのは選手の名誉なこと。誰かは参戦すると思う」と続く。ちなみに、この年は楽天・美馬学、ロッテ・鈴木大地獲得に乗り出したもののいずれも実現せず、美馬はロッテへ、鈴木は楽天へ入団することが決まった。

おうごんのみぎて【黄金の右手】他

ドラフト会議で有望選手を引き当てた際に
しばしば使われる慣用句。近年では中日・
与田剛監督、ロッテ・井口資仁監督を指す。
左手で引き寄せた場合は、当然「黄金の左
手」と呼ばれることも。

おうさだはる
べーすぼーるみゅーじあむ
【王貞治ベースボールミュージアム】施

2010年、福岡ヤフオク！ドーム内に作ら
れた王貞治の偉業をたたえるミュージアム。
数々のトロフィーや賞状、実使用グッズの
展示だけでなく、バッティングやピッチン
グを体感できるコーナーも人気。2020年

春に移設され、ドーム向かいに開業される
E・ZO FUKUOKA（イーゾ・フクオカ）
にてリニューアルオープン予定。

おうしふと【王シフト】戦

かつて、巨人・王貞治の現役時代に相手チー
ムがとった独特な守備陣形のこと。王の
場合は極端に一二塁間（→p.34）への打
球が多かったことから、一塁手を一塁線上
に、二塁手を定位置よりも一塁側に、遊撃
手は二遊間に、三塁手は遊撃手の位置に配
置。外野手もそれぞれ定位置よりも右方向
に移動させた。しかし、王は揺るがぬ信念
で自分の打撃スタイルを貫き、右方向にヒ
ットを連発。相手チームにとって思ったよ
うな効果が上がることはなかった。

おーえぬたいけつ【ON対決】史

宿命のライバルであり、盟友でもある王貞
治（元巨人）と長嶋茂雄（元巨人）が、とも
に監督として激突した2000年日本シリー
ズの別称。このときは長嶋率いる巨人が4
勝2敗で王ダイエーを下した。

おおぎりーがー【大喜利ーガー】他

週刊『アサヒ芸能』（徳間書店）にて連載中の「野球大喜利」（→p.169）。人気漫画『ベイすたん』の作者でもある漫画家・カネシゲタカシが監督を務め、「こんな中田翔はイヤだ」「今年のプロ野球の見所を五七五の川柳で答えて」など、監督から与えられたお題を受けて、「大喜利ーガー」と呼ばれる読者たちが趣向を凝らして回答する同誌の名物連載。

おーせんてぃっく【オーセンティック】グ

英語で「本物の、確実な、真正な」を意味する形容詞。野球の場合は選手が使用しているものと同タイプ、同仕様のユニフォームを指すことが多い。軽さやフィット感に優れているため価格は高め。反意語は「レプリカ」（→p.178）。

選手が着用するものと同じタイプのユニフォームには、NPB（日本野球機構）のロゴがついている。

おーばーすろー
【オーバースロー】投守

語義通り、「上から投げる」投法のこと。正しくは「オーバーハンドスロー」と言い、厳密に言えば「オーバースロー」は高めの暴投を指す。関連語は「スリークォータースロー」「サイドスロー」「アンダースロー」など。

おーばーふぇんす
【オーバーフェンス】打

フェンスを越える打球のこと。「フェンスオーバー」とも言う。

おーぷなー【オープナー】投

最近注目されている投手起用の一つ。本来は中継ぎ起用の投手を先発させ、1〜2回程度の短いイニングを投げた後に次の投手に交代する継投策。2019年、日本ハム・栗山英樹監督が多用した。先発投手はペース配分を気にすることなく全力投球できるため、相手打者を抑えやすいという利点がある一方、1試合に何人もの投手を起用せねばならず、投手の酷使につながりかねない懸念も。類義語は、中継ぎ投手だけで継投する「ブルペンデー」（→p.149）。

おおもりいちぜん【大盛一膳】作

ヤクルトやDeNAで活躍した田中浩康が主演を務めたラジオドラマ『大盛一膳の東京はランチアトラクション』の主人公の名前。田中が演じたのはLA帰りのエリートサラリーマンで「ウマホーーン」「星800！」など数々の名セリフとともに怪演を披露した。

おきなわせるらー
すたじあむなは
【沖縄セルラースタジアム那覇】場

沖縄県那覇市の奥武山公園内の野球場の愛称。NPO法人那覇市体育協会が指定管理者として運営管理を行う。オープン戦はもちろん、公式戦も行われている。両翼100メートル、中堅120メートル。那覇空港からも近い。

15,000席を擁する沖縄県内最大級の野球場。ナイトゲームも可能。

おくる【送る】打

走者を次の塁に進めること。その目的で行われる犠牲バントは「送りバント」と呼ばれる。進塁打（→p.91）を放って走者を進めた際にも「きちんと送った」などと使われる。

おことわりっくす【オ断リックス】ネ

2018年オフ、FA（フリーエージェント→p.148）戦線の目玉だった浅村栄斗はソフトバンクや楽天とは交渉の席に着いたものの、なぜかオリックスとは交渉せず、しかも代理人を通じてのやり取りだったために、ネット界隈は騒然。交渉の場にも立てなかったオリックス関係者の無念を表現すべく「お断りックス」と呼ばれることになった。

おたちだい【お立ち台】他

ヒーローインタビューの際に設けられる専用台のこと。スポンサーロゴなどがプリントされたボードの前で行われる。かつて一世を風靡した人気ディスコ「ジュリアナ東京」のお立ち台は、バブル期の象徴的シーンとして有名。派生語に「滑り台」（→p.97）が。

おづのまほうつかい

【オズの魔法使い】人

かつて阪神の球団社長を務めた小津正次郎氏の異名。球団社長に就任するや球団初の外国人監督であるドン・ブレイザーを招聘し、「ミスタータイガース」・田淵幸一をトレードに出すなど、思い切った球団改革を断行。また、「空白の一日」騒動の際には江川卓と小林繁のトレードを行い球界（→p.54）を驚かせた。

おとこぎ【男気】人

メジャーリーグからの高額年俸を断って、古巣の広島で日本球界に復帰した黒田博樹に対する敬称。現役最終年となる2016年も10勝をマークし、待望の優勝の美酒を味わった。東京スポーツ新聞社が主催する「ビートたけしのエンターテインメント賞」では2015年に特別賞、2017年に男気賞を獲得している。

黒田のサインがプリントされた「男気ステッカー」。

おとこはだまってなげるだけ

【オトコハダマッテナゲルダケ】言

ヒーローインタビューの際にDeNAのエドウィン・エスコバーが口にする名セリフ。どんな場面でも黙々と投げ続け、きちんと結果を出し、お立ち台ではたどたどしい日本語でファンへメッセージ。人気が出るに決まってる。

おとこまえ【男前】人

近鉄、楽天、阪神で活躍した藤井彰人の愛称。ヒーローインタビューの際に「顔しか取り柄がないですけど、一生懸命頑張ります」と発言したことがきっかけ。この発言のアドバイスをしたのは金本知憲（元阪神など）。

おにがおとうほう【鬼顔投法】投人

マウンド上で必死の形相で投げ続ける巨人・桜井俊貴の鬼気迫るピッチングスタイルのこと。15年ドラフト1位でプロ入りしたものの、3年間未勝利だったが、4年目の2019年、気迫を前面に押し出す投法で一気に8勝をマークして、ブレイクした。

おばけふぉーく【お化けフォーク】投人

ソフトバンク・千賀滉大の投じる、曲がりが大きいフォークの通称。ストレートのようなスピードで、直線的な軌道から驚異の落差を誇り、三振の山を築く。本人曰く、「バックスピンではなく、トップスピン、またはジャイロ回転を意識して投げている」とのこと。

おまえさん【お前さん】言

巨人・原辰徳監督が選手に対して、親愛の情を込めて語る際に用いられる。2009年、WBCでの優勝祝賀会では「本当にお前さんたちはねぇ、強い侍になった！」とあいさつし、最近ではスコット・マシソン（元巨人）に対して、「ちょっとスコットね、お前さんがいると使いたくなっちゃうから帰ってくれ」と独特過ぎる言い回しで、休養を与える気遣いを見せた。

おまえもんだい【お前問題】史

2019年、中日・与田剛監督の指摘で始まった一連の騒動の総称。発端はチャンステーマの「お前が打たなきゃ誰が打つ」という歌詞に対して、「子どもの教育上、『お前』とはいかがなものか？」と疑義を呈したことから始まり、以降、ピンクレディーの『サウスポー』をモチーフとしたこの応援歌は封印に。SNSだけでなく、ワイドショーでも取り扱われて社会騒動となった。

おまたにき【お股ニキ】人

話題の『セイバーメトリクスの落とし穴』（光文社新書）でデビューした作家。Twitterのフォロワーは30000人以上を誇り、Twitterを通じてダルビッシュ有（カブス）と交流。技術面でのアドバイスもできる「謎の男」として話題に。彼の著書は千賀滉大（ソフトバンク）など現役選手も参考にし、彼らに多大な影響を与えているという。

『セイバーメトリクスの落とし穴―マネー・ボールを超える野球論』（著：お股ニキ　光文社）

セイバーメトリクスの落とし穴
マネー・ボールを超える野球論

お股ニキ (@omatacom)

プロ選手にもアドバイスをする独学の素人が、野球界の常識を覆す！

おりえんたるえくすぷれす
【オリエンタルエクスプレス】人

元西武・郭泰源（かくたいげん）のニックネーム。1985年から1997年までの13年間で117勝をマークし、西武黄金時代の立役者に。女房役を務めた伊東勤は「泰源がダントツで歴代ナンバーワン投手だった」と断言する。

12球団ファンクラブ会員 特別対談

「野球」で 食べていくということ 前編

「リリーズ神田スタジアム」
東京都千代田区内神田3-22-10 竹内ビル2F
JR・地下鉄神田駅北口より徒歩1分 (TEL) 03-3254-0185
17時開場・23時30分閉場(L.O 23時) 日曜休業(特定試合日除く)

野球大好き少年はやがて大人になった。プロ野球選手にはなれなかったけど、今も野球は大好きだ。大好きすぎて12球団全部のファンクラブに入会するほどだ。──そんな二人の男、本書の著者・長谷川晶一と野球居酒屋「リリーズ神田スタジアム」の高橋店長が再会を果たし、前作から約3年の歳月を経たファンクラブの変遷と、違った立場で野球と関わる仕事をしている2人ならではの熱い話を繰り広げる！

各球団もファンクラブも成熟しつつある

長谷川（以下、長） 12球団のファンクラブに関してここ数年で大きく変わったのは、まず会員証のカードレス化ですね。カードをコレクションしたい気持ちもあるけど、実際に使ってみると便利で。

高橋（以下、高） これからもっとその方向に進んでいくでしょうね。中日以外は、どこの球団もスマートフォン用アプリがありますし。

長 あと新型コロナ禍で2020年の開幕が遅れると決まった際、ファンクラブからのケアが2011年の震災のときと比べると手厚くなりましたね。開幕が遅れた分、チケットやポイントをくれるという連絡がいくつかの球団からきています。

高 球団もファンクラブも成熟してきているんでしょうね。試合開催時の球場来場者への配布物の質も、頻度もあがりましたよね。ロッテの「ファンクラブデー」が先駆けで。

長 ロッテは配布物が面白いですよね。2016年の涌井秀章投手の等身大ブランケットとか（笑）。

高 安易にキャラに走らないところも好感が持てますよね。「謎の魚」（→p.124）が人気だから配れば喜ぶだろう、とかじゃなくて。実用度重視じゃないですか。

長 そういえば10年くらい前に突然メールが来て、広島ファンの文具メーカーの人が、「自分が考案したグッズを採用してもらいたいから、アドバイスが欲しい」と。すでに何度もトライをしているそうですが、いつかその彼のグッズが採用されたら嬉しいですね。

高 広島は今のところ球場での配布物が無いからハードルは高いかもしれませんが、がんばってほしいですね。

長 野球と仕事がどのようにつながるかってわからないですからね。

→p.103へつづく！

かーど 【カード】 試 グ

英語で、「(試合の) プログラム、番組」の
ことを言い、「次のカードは巨人戦だ」など
と使われる。また、カルビーの「プロ野球
チップス」のオマケや、ベースボール・マガ
ジン社 (→p.154) が発売している「ベース
ボールカード」を集める熱狂的なコレクタ
ーも多数存在する。

「プロ野球チップス」(カルビー) のカード。侍ジャパン
のカードはホログラム加工がされているスペシャ
ル仕様だ。

かーねるさんだーすののろい

【カーネルサンダースの呪い】 史

1985年、21年ぶりに阪神が優勝した際に、
暴徒化したファンが大阪・道頓堀のケンタ
ッキー・フライド・チキン店頭に設置されて
いたカーネルサンダース人形を道頓堀に投
げ入れた。以来、阪神は2003年まで優勝
から見放されることになり、チーム低迷の
要因としてカーネルサンダースの呪いが挙
げられた。呪い払しょくのために、何度も
捜索が行われたものの像は見つからなかっ
たが2009年、カーネル像はついに発見さ
れた。ようやく呪いは解けたのだ、たぶん。

かーぷうどん 【カープうどん】 食

誕生は1957年、旧広島市民球場時代から
60年以上の歴史を誇り、多くのファンに愛
されるマツダスタジアム名物。ラインアッ
プは「きつね (550円)」から、「全部のせ
(700円)」まで、全4種類。

かーぷどりる 【カープドリル】 作

広島本を多く出版している地元出版社・ザ
メディアジョンが2018年に発売し、瞬く間
に1万部を売り上げた小学生向け学習ドリ
ル。選手の背番号を使って足し算や引き算
を学んでいく仕組みで、たとえば「大瀬良
大地＋33＝？」となっており、計算力と同
時に選手の知識も必要とされる点がミソ。
計算、英単語、漢
字などのバージョン
があり、2019年に
はアプリ版でも登
場。現在では、他
球団を取り扱った
類似書が多数出版
されている。

『カープドリルシリーズ 2020年度版
カープ計算ドリル』(ザメディアジョン)

かいがいえふえーけん

【海外FA権】 制

FAとは「フリーエージェント」(→p.148)
の略称で、国内FA権、海外FA権がある。
海外FA権とはNPB (日本野球機構→
p.126) が定める資格条件を満たせば、国
内外のいかなる球団とも契約締結できる権
利を指す。出場選手登録145日を1年とカ
ウントし、累計9年が経過すれば海外移籍
が認められる。バレンティン (ソフトバン
ク) など、外国人選手がＦＡ権を取得する
と、翌年からは「日本人扱い」(→p.126)
となる。

かいきゃのん【甲斐キャノン】⧉

ソフトバンク・甲斐拓也の強烈すぎる強肩を称する賛辞のフレーズ。2018年の日本シリーズでは広島相手にシリーズ新記録となる6連続盗塁阻止を実現。見事、シリーズMVPに輝いた。2010年の育成ドラフト6位ながら、今では球界（→p.54）を代表する名捕手に。ちなみに、2019年の二塁送球の平均タイムは1秒81と、ダントツの記録を誇る。

がいせん【外旋】⧉

肩関節は内側に旋回させる内旋、外側に旋回させる外旋動作を行うことができる。投球する際には、肩関節外旋筋群（棘下筋、小円筋）がフル活用され、投球の連続を見ると、腕が外旋しているのがよくわかる。

かいたくや【甲斐拓也】⧉

福岡にある水族館「マリンワールド海の中道」（→p.162）にいるイルカに、期間限定で名づけられた名前。命名者はチームメイトのデスパイネ（ソフトバンク）。ちなみにデスパイネは亀には「モイネロ」と名づけた。「甲斐拓也」と「モイネロ」の成長の様子は同水族館の公式Twitterで報告されていた。

かいまたぎ【回跨ぎ】⧉

中継ぎ投手が複数イニングを投げること。たとえば、6回表を投げた投手がそのまま7回表もマウンドに上がるケースなどを指す。日米通算381セーブを記録した佐々木主浩（元横浜など）は「緊迫する場面を切り抜けて、一度ベンチに戻った後に再びテンションを高めなければならないので回跨ぎは難しい」と自身の経験から語っている。

かくしんあるき【確信歩き】⧉

打球を放った瞬間に「ホームランだ」と確信し、まったく走る気配を見せずに一塁に向けて歩き出す様子を指した言葉。ヤクルトの若き大砲・村上宗隆や、レイズへ入団した筒香嘉智ら、豪快な一発を誇るホームラン打者だけに許される特権的行為。

かこくきょうふうかい
【加國狂楓會】⧉

カナダ代表チームを応援する日本の私設応援団の名称。英語では「クレイジー・メイプルス」と称される。2019年、プレミア12の強化試合では応援団員1名ながら、口には笛、右手にトランペット、左手で太鼓を奏でつつ、応援旗を振り続ける感動的な応援を見せた。チャンステーマは『カナダからの手紙』。実に味わい深い。

かすみそう【かすみ草】⑂

東映やヤクルトなどで活躍した故・大杉勝男のニックネーム。自身の引退会見で「さりし夢 神宮の杜に かすみ草」と詠んだ。

かつ!【喝!】⑂⊗

TBS系列で放送されている『サンデーモーニング』内のスポーツコーナーで、張本勲(元東映など)が放つ叱咤激励フレーズ。その週の出来事に対して、張本が称賛すれば「あっぱれ」、「けしからん」と思えば「喝!」が与えられる。その独自理論は、しばしば論争、炎上を招く。同名タイトルのコラムを、「週刊ベースボール」(ベースボール・マガジン社)で連載中。

かつお【カツオ】⑂

ヤクルト・石川雅規のニックネーム。由来はもちろん『サザエさん』(著：長谷川町子 朝日新聞出版)から。名づけ親は、かつて石川とバッテリーを組んでいた後輩の米野智人(元ヤクルトなど)。本人は「はじめはイヤだったけど、今では気に入っている」とのこと。

がっつり!ぷろやきゅう【がっつり!プロ野球】⊗

一見すると、「実話誌テイスト」でありながら、実はガチの「野球専門誌」として人気の野球雑誌。週刊「漫画ゴラク」の増刊として日本文芸社から不定期で、年に3回程度発行中。大物選手インタビューや詳細なデータ分析のほか、謎の「12球団ファンクラブ評論家®」による「FC探訪」、「野球居酒屋放浪記」など、充実の連載も見逃せない(笑)。

「がっつり!プロ野球」
(26)2020年/3/15
号(日本文芸社)

がぶり【ガブリ】⊕

2006年に中日ファンクラブ(FC)が設立される際に誕生した、12球団唯一の「FCマスコット」。デザインは世界の巨匠・宮崎駿氏。彼が立ち上げた「スタジオジブリ」と「相手をガブリと食い尽くす」という意味が込められている。大々的に登場したものの、今ではドアラ、シャオロンの陰に隠れて影が薄くなっている。

かべ【壁】⑭

ひたすらボールだけを受け続けるブルペンキャッチャーのことを、かつて「壁」と呼んでいた。しかし、あまりにも愛のない冷たすぎる表現のためなのか、最近ではこの言葉はほぼ死語に。

かめしんふぃーばー
【亀新フィーバー】 人

それまではずっと低迷していたものの、1992年、阪神は熾烈な優勝争いを演じていた。その原動力となったのが当時売り出し中だった亀山努と新庄剛志だった。前年まではほぼ無名の存在ながら、この年からラッキーゾーン（→p.174）が撤去されたこともあり、守備と走塁に秀でた2人の出場機会が増え、指揮官の期待に応える大活躍を見せた。結局、チームは2位に終わったものの両者は一躍、人気選手に。

からしてぃー 【辛子茶】 人

2018年の1シーズンだけながら、先発ローテーションの一角としてチーム2位の原動力となったマット・カラシティー（元ヤクルト）。残念ながら1年限りでの退団となってしまったが、ファンが考案した漢字による当て字のニックネームで今でも思い出に刻まれている。一応、説明しておくと「茶」は、

英語の「ティー」の意。「からしちゃ」と読まぬようにご注意を。

からたっち 【空タッチ】 守

走者にタッチしたように見せかけて、実は何も触れていない状態のこと。ビデオ判定が導入されるまでは、若菜嘉晴（元阪神など）、達川光男（元広島）など、タッチしていないのにしたように見せる名人芸を誇る捕手が何人もいたが、現在はほぼ絶滅危惧種に。類義語に、走者を追いかけるようにタッチする「追いタッチ」がある。

かわのまりな 【河野万里奈】 人

野球を愛するシンガー。また、しばしば日刊スポーツにおいて、「野球好き歌手がチョコを渡したい27人」など、ガチすぎる野球コラムを執筆する。阪神・岩崎優は彼女の『アイキャントライ』を登場曲に使用している。2020年1月には『アウト×デラックス』（フジテレビ系列）にも出演。「ティラミスがラミレスに聞こえる」と発言して話題となった。

再デビュー2ndシングル『水恋』（テイチクインペリアルレコード）

かわばたゆき【川端友紀】⊗

ヤクルト・川端慎吾の実妹にして、日本初の兄妹プロ野球選手でもある。女子プロ野球リーグ・JWBLを代表するスター選手として、首位打者を獲得。侍ジャパン女子代表・マドンナジャパンの一員としても活躍したものの、2018年シーズンを最後に、同リーグを退団。現在ではクラブチーム・エイジェック女子硬式野球部で選手兼ヘッドコーチとして活躍中。

かわぱんさん【革パンさん】⊗

DeNAの試合が行われる球場に現れる熱心なファン。入場ゲート近くでベイスターズにまつわるお手製の新聞を掲げながら、入場するファンを見守っている。その一方で、球場周辺のゴミを率先して拾う一面も。普段、革パンツを穿いていることが多いため、こう呼ばれている。

かんきゅう【緩急】投

石川雅規（ヤクルト）など技巧派投手が見せる、打者との駆け引きの一種。速い球と遅い球を上手に組み合わせることで、打者を翻弄する。遅い球の後に速い球を投げれば、実際のスピード以上に速く感じるという人間の錯覚を応用したピッチング術。

かんこくのしほう【韓国の至宝】⊗

中日のリリーフエースとして活躍し、韓国代表監督も務める宣銅烈（ソンドンヨル）のニックネーム。日本文化に溶け込むために必死に日本語をマスターするなど、大の親日家としても知られる。彼の自伝『真っ向勝負』（文藝春秋）は自身の恋愛体験を赤裸々に描いた名著。

かんさいくらしっく【KANSAIクラシック】⊘

オリックス・バファローズが定期的に行う人気シリーズ。この期間だけ、オリックスはかつての親会社である近鉄バファローズ、阪急ブレーブスのユニフォームを着て試合を行う。2019年の同シリーズはソフトバンクが旧南海ホークスユニフォームを着用して対戦。オールドファンを歓喜させた。

2017年のメインビジュアル使用のクリアファイル。

かんせんりすくこう【感染リスク高】他

2020年春のコロナウイルス騒動の対策会議において、応援に伴うリスクを専門家が提言。それによると、ジェット風船や指笛、トランペット、ホイッスル、肩組み、飛び跳ねなどは「感染リスク高」と判断された。

かんぜんきゃっしゅれす

【完全キャッシュレス】他

2019年シーズンから楽天は楽天生命パーク宮城（→p.173）での完全キャッシュレス化を施行。アプリによる楽天ペイ、楽天Edy導入促進を狙ったもので、導入前は物議を醸したものの、大きな混乱もなく定着しつつある。実際に体験してみると、やはり便利だ（笑）。

キャッシュレス化をアピールする立て看板。

がんだむこらぼ 【ガンダムコラボ】イ

「機動戦士ガンダム」のテレビ放映開始40周年である2019年、プロ野球界を席巻した夢のコラボレーション。12球団のカラーリングが施されたガンプラや「ハロ　ベースボールモデル」などが登場。甲子園球場ではアムロ・レイが場内アナウンスに登場したり、メットライフドームにはガンダムモノマネ芸人・若井おさむが登場したり、節目の年を大いに盛り上げた。

おなじみのガンダムやザクがチームカラー仕様に。（左上）HG 1/144 RX-78-2 ガンダム スワローズバージョン、（右上）HG 1/144 RX-78-2ガンダムバファローズバージョン、（左下）HG 1/144 MS-06S ザクIIタイガースバージョン、（右下）HG 1/144 MS-06S ザクII ファイターズバージョン（すべてBANDAI）。

がんばろうこうべ

【がんばろうKOBE】言

神戸を本拠地に持つオリックスが、1995年の阪神・淡路大震災の際に掲げたスローガン。ユニフォームの袖の部分にこのフレーズのワッペンを着け、復興のシンボルとなるべく奮闘した。そしてこの年、オリックスはチームと市民が一丸となって、見事にリーグ制覇を果たした。

がんばろうとうほく

【がんばろう東北】言

2011年3月11日の東日本大震災を受けて、楽天が掲げた復興への合言葉。自らも被災者となったものの、楽天ナインは東北に元気と勇気を与えるべく戦った。それから2年。2013年シーズン、星野仙一監督の下、田中将大（ヤンキース）の24連勝（24勝0敗→p.125）などで、チームは創設初となる悲願の日本一に輝いた。

楽天のチームカラー、クリムゾンレッドに白で抜かれた「がんばろう東北」の文字。被災地のファンを勇気づけた。

きていだせき【規定打席】⑨

プロ野球において、打撃ランキング対象と
なるために必要となる打席のことで、公認
野球規則(→p.63)では「所属球団の試合
数×3.1(小数点以下は四捨五入)」となって
いる。2015年以降の年間規定打席は443で、
この数字をクリアすると公式年間ランキン
グにその名が刻まれるだけでなく、年間を
通じて主力選手として働いた証ともなる。
打者にとって、目指すべき数字。

きていとうきゅうかい
【規定投球回】⑨

プロ野球において、投手が最優秀防御率な
どのタイトルを獲得する際に必要な投球回
のこと。公認野球規則(→p.63)では「所
属球団の試合数×1.0」と規定されており、
2015年以降は143となっている。すべての
先発ローテーション投手がクリアすべき目
標でもある。

ぎとう【偽投】⑪

文字通り、「投げるフリをして投げない」こ
と。打者を焦らす目的だったり、走者の動
きを探ったりする狙いで、しばしば投手が
行う。かつては認められていたが、現在は
三塁への偽投は禁止されている。

きどころたいきちゅう
【キドコロ待機中】⑧

スタメン出場は少なかったものの、勝利に
欠かせない守備固めや代走要員として貴重
な働きを見せた、元ソフトバンク・城所龍
磨のニックネーム。球団のグッズ担当スタ
ッフが考案したフレーズで、「常に準備は

できてるぜ!」の思いを込めて作られたも
のだという。

きなちかこんび【キナチカコンビ】⑧

2019年シーズン、阪神史上初となるルー
キーによる、一、二番スタメンコンビとな
った、一番・木浪聖也と二番・近本光司の両
者を表すフレーズ。開幕戦で2人の新人選
手がスタメンに名を連ねたのは実に47年ぶ
りのことだという。近本は赤星憲広以来、
球団では14年ぶりとなる盗塁王を獲得。新
人王は村上宗隆
(ヤクルト)に譲った
ものの、
その活躍が
認められて特別賞を
受賞した。

きぼうにゅうだんわく
【希望入団枠】⑪

ドラフト会議において、ドラフト上位候補
選手が希望球団に入団できる制度で、
1993年から2006年まで導入されていた。
かつては「逆指名制度」「自由獲得枠制度」
と呼ばれた。

ぎゃおす【ギャオス】Ⓐ

元ヤクルト、現評論家、タレントとして活躍中の内藤尚行のニックネーム。一般的には「ギャオス内藤」と呼ばれることが多い。

ぎゃくしりーずおとこ
【逆シリーズ男】Ⓐ

日本シリーズで活躍する「シリーズ男」（→p.90）に対して、ペナントレースでは活躍したのに日本シリーズではまったく結果を出すことができない選手を揶揄する言葉。シリーズは短期決戦だけに、覚醒を待ち続けるか、それとも早めに見切りをつけるか、逆シリーズ男の起用法が日本一奪取のカギとなる。

ぎゃくしんぐる【逆シングル】Ⓢ

グラブをつけている方とは反対側のゴロを片手で捕球する逆シングルハンドキャッチのこと。かつては、「正面でゴロを捕れ」と指導されていたが、現在では打球によっては逆シングルを推奨する指導者も多い。

きゃんぷ【キャンプ】他

毎年、春と秋の2回、チーム全体で集中的に練習に取り組むこと。開幕前の春季キャンプは徹底的に基本と応用を身につけて、長いシーズンを乗り切るための体力と実践

的な技術を磨く。一方、シーズン終了後に行われる秋季キャンプは、主に体力強化を目標として行われる。また、開幕までにまだ時間があることからフォーム改造、コンバートなど、思い切った施策を取り組むことが多い。

きゅーえす【QS】夕

「クオリティ・スタート」の略称で、直訳すれば「良好な先発投手」の意。先発投手が6イニング以上を投げ、自責点3以内に抑えたときに記録され、先発投手を評価する指標の一つとして近年では重要視されている。7イニング以上を投げ、自責点2以内に抑えた場合は「HQS（ハイ・クオリティ・スタート）」と呼ばれる。

きゅうえん【球宴】①

両リーグのスター選手が一堂に会するオールスターゲームの別称。しばしば「夢の」という枕詞がついて、「夢の球宴」と称されることも。「球の宴」、実に楽しい響きだ。日本語は豊かで美しい！

きゅうおんをたのしむひ
【球音を楽しむ日】①

2000年6月14日、東京ドームで行われた巨人対横浜戦は、当時の長嶋茂雄監督の発案で、「球音を楽しむ日」と命名され、トランペットや太鼓などの鳴り物応援を自粛。拍手や声援だけで観戦するイベントを行った。2020年のコロナウイルス騒動による「無観客試合」（→p.165）において再注目された。

き

ぎゃおす→きゅうおんをたのしむひ

きゅうかい【球界】他

「野球界」の略称。野球に関わる人たちの世界を指し、野球に関することであれば、「球界のキムタク」「球界のご意見番」「球界のエンターテイナー」など、「球界の●●」で、すべてのことは説明がつく。

きゅうじえん【球辞苑】✕

毎シーズンオフに放送されているNHK-BSの人気番組。副題は「プロ野球が100倍楽しくなるキーワードたち」で、「究極の野球辞典を作る」というコンセプトの下、毎回マニアックなキーワードを関係者、当事者たちの証言とともに深掘りしていく。これまで、「流し打ち」「アンダースロー」「インハイ」「ファール」など、マニアをうならせるテーマで放送。あなたが手にしている本書と同コンセプトであり、本書が理想とする番組でもある。

きゅうしゅんとうらい【球春到来】言

長い冬が終わり、野球ファンにとっては待望の春が訪れる。その際のウキウキした気分、得も言われぬ高揚感を表現する言葉として、新聞、雑誌誌上に踊るのがこのフレーズ。「球の春」、やはり日本語は美しい！

きゅうじょうこーで【球場コーデ】他

野球観戦をする際の、特に女性のファッションコーディネートのこと。急な階段や狭い通路が多い球場では、動きやすくカジュアルな服装が推奨される。チームカラーを取り入れるなどして、球場でもおしゃれを楽しむ女性は急増中。球団ユニフォームを着用することは、ちょっとしたコスプレ気分で楽しいそうだ。「野球観戦体験をアップデートする」をコンセプトに活動しているNFB（日本やきう女子機構）は、ユニフォームや球団グッズのアパレルアイテムなどを使ったコーディネートをInstagram上で提案している。p.65〜72も参照のこと。

きゅうじょうさじき【球場三食】言

野球漫画を描いたら当代随一の渡辺保裕の代表作で、かつて週刊「モーニング」（講談社）に連載されていた。12球団すべてのファンクラブに入会し、三食を球場で済ます男を主人公に、全国の球場を詳細に解説する。単行本は全4巻。絶賛発売中。

©渡辺保裕／講談社

きゅうどうそくじんどう
【球道即人道】言

PL学園・中村順司元監督が指導の際に掲げた言葉。野球のグラウンドは人生の縮図であり、人間関係の基本であるとの思いから、生徒たちに伝え続けたという。中村氏の教え子で、元ヤクルト・宮本慎也氏もこの言葉を座右の銘に掲げ、自身のブログタイトル、サインにも一筆添えている。

54

球場コーデ COLLECTION!

NFB（日本やきう女子機構）では、ユニフォームや球団アパレルを使った
球場コーデ（p.54）をInstagramでアップ中。ここではその一部をご紹介!!

@nfb_fashion 撮影：白水桃花 @nemuiasaa

さわやかなブルーに
ナチュラルさをプラス

DeNAの2019年女性限定スペシャルユニフォーム
で、港町・横浜らしいコーデが完成！

タカガールのピンクは
グレーと相性抜群！

タカガールユニは、毎年ピンクが基調。淡すぎない
グレーなら大人っぽくまとまる。

同系色の濃淡コーデは
テッパン！

シンプルなユニは
白×黒で潔く

ユニ以外を黒にすると、ホームユニのロゴのブルー
があざやかに際立つ。リボンで女子力をプラス！

日本ハムのビジターユニは、色数を抑えるとまとま
りやすい。ダークカラーで引き締めるのがコツ。

阪神ユニにはツヤ＆
輝きが好相性×

インパクト大な阪神のビジターユニだからこそ、パ
ンチのある柄ものや光沢感のある小物がハマる。

鮮やかな赤ユニには
ゴールドの差し色が◎

ロッテの千葉ユニに華奢（きゃしゃ）なゴールドを添えて、女っ
ぽさ＆こなれ感をアップ！

きよみやせだい【清宮世代】⑧

2017年ドラフト会議で日本ハムに指名された清宮幸太郎と同世代の選手たちの総称。清宮と同じ1999年生まれ（2000年早生まれ）には安田尚憲（ロッテ）、中村奨成（広島）ら期待のホープが多いが、2019年に新人王を獲得した村上宗隆（ヤクルト）が一歩抜け出し、「村上世代」と呼ばれることも。

きるおあびーきるど
【KILL or be KILLED】⑤

来る日も、来る日も投げ続け、「権藤、権藤、雨、権藤」（→p.74）と称された権藤博の座右の銘。意味は「殺すか、殺されるか?」で、横浜監督時代には開幕ベンチ入りした投手全員に、この一文を入れたサインボールを手渡した。

きんしやくぶつ【禁止薬物】⑪

かつては禁止の対象が、「薬を使って競技力を高めること」で、近年では「細胞、遺伝子、遺伝因子の調整によって競技能力向上を目指す行為も含める」ようになった。禁止薬物の使用はアンフェアであるだけでなく、選手の健康を害したり、青少年や社会に悪影響を与えたりすることから、全世界的に排除に向かっている。

きんのねっくれす【金のネックレス】⑪

かつて、昭和のプロ野球選手の三種の神器といえば、「パンチパーマ・セカンドバッグ・金のネックレス」だった。現在ではパンチパーマ、セカンドバッグはほぼ絶滅状態だが、金のネックレスは中田翔（日本ハム）、森友哉（西武）など、大阪の学校（大阪桐蔭高校?）出身選手に今でも多く見ることができる。

きんまんきゅうだん【金満球団】⑪

かつては巨人、現在はソフトバンクに対して、しばしば使われる。基本的には「金にあかせて有望選手を獲りまくる」という意味で否定的に使われることが多い。その一方では、チームを強くするために戦力を補強したり、環境を整えたりするのは正しい企業努力である、という考え方もある。

く

くあとろけー【クアトロK】⚆

2006年、横浜の強力救援陣を形成した4投手の総称。「4人のK」とは、木塚敦志、川村丈夫、加藤武治、マーク・クルーンの4投手。4人全員が右投手であることが特徴。この年、加藤は最優秀中継ぎ投手のタイトルを獲得。翌07年には川村、加藤が先発転向。クアトロKはこの年限りで解散となった。

ぐーたっち【グータッチ】⚆

原辰徳監督（巨人）が選手と行う独特なコミュニケーション術。原監督曰く、「大切なのはしっかりと相手の目を見て、心を通わせてやること」とのこと。モノマネ芸人・神無月の持ちネタでもある。

くさいたま【クサい球】⚆

ストライクかボールか判断が難しい、ギリギリのコースに投じられたボールのこと。カウントが追い込まれている場合は、見逃し三振を避けるためにスイングする必要がある。用例としては「クサい球はカットしていけ」など。

くせもの【クセ者】⚆

辞書を引くと「一筋縄ではいかない人、ひとくせある人」とある。野球界においては現・巨人ヘッドコーチの元木大介を指す。巨人での現役時代には、隠し玉を狙ったり、簡単には凡打しないイヤらしいプレースタイルを見せたりすることから、当時の長嶋茂雄監督が命名した。

くっしょんぼーる【クッションボール】〔打〕

外野フェンスに当たって跳ね返ってきたボールの通称。近年はラバー素材のフェンスが多く、打球の衝撃を吸収するためイレギュラーすることはほぼないものの、かつてのフェンスは硬い素材だったため、大きく弾んだり、思わぬ方向に跳ね返ったりすることが多く、ランニングホームランの原因となることもあった。

ぐらうんだー【グラウンダー】〔打〕

野球やサッカーなどで地面を転がっているボールのことを指す。一般的には「ゴロ」と呼ばれ、難しく言えば「葡球」と呼ばれる。

ぐらうんどきーぱー
【グラウンドキーパー】〔職〕

野球場やサッカー場など、競技場のグラウンド状態を良好に保つべく整備を行う人々のこと。「グラウンド整備員」とも呼ばれる。球団所属の職員ではなく、球場の職員である。

くっしょんぼーる→くらしきすぽーつこうえんますかっとすたじあむ

くらしきますぽーつこうえんますかっとすたじあむ
【倉敷スポーツ公園マスカットスタジアム】〔場〕

マスカットスタジアムは、岡山県倉敷スポーツ公園野球場の愛称。両翼は99.5メートル、中堅は122メートル。地元出身の星野仙一（元中日）が監督を務めていたこともあり、楽天が秋季キャンプ（→p.87）で使用。公式戦も定期的に開催されている。

岡山県はマスカットのシェア日本一。その名を冠したスタジアムは、外野が天然芝でファウルグラウンドが人工芝というつくり。

ぐらぜに【グラゼニ】作

「グラウンドにはゼニが埋まっている」をモットーにプロ野球選手として活動する凡田夏之介を主人公にした野球漫画。原作・森高夕次、漫画・アダチケイジ（足立金太郎）。2011年から週刊「モーニング」（講談社）で連載が始まり、「東京ドーム編」「パ・リーグ編」などシリーズ展開されている。文字通り「ゼニ、カネ」をテーマにシビアでリアルなストーリーで人気を博した。

©足立金太郎・森高夕次／講談社

くらっちひったー【クラッチヒッター】打

チャンスに強い打者のことを指す。「クラッチ」とは「ぐっとつかむ」という意味で、転じて「チャンスを逃さない」「勝負強い」の意味を持つようになった。楽天のマスコット「クラッチ＆クラッチーナ」のネーミングもこの言葉が由来。

ぐらぶとす【グラブトス】守

ボールを捕球した野手がグラブを持つ手とは反対の利き手に持ち替えることなく、捕球した状態のまま相手野手にトスすること。捕球から送球までの時間が大幅に短縮できるため、間一髪のプレーの際に行われる。また逆シングル（→p.53）など体勢が崩れた状態で捕球した際などに行われる。菊池涼介（広島）、荒木雅博（元中日）、井端弘和（元中日など）ら、二塁手、遊撃手が多用する。

ぐりーんらいと【グリーンライト】走

直訳すれば「青信号」ということで、ノーサインでいつでも走っていい状況のことを指す。ベンチのサインで命じられる盗塁ではなく、選手自身の判断で自由に盗塁したり、あるいはあえて走らなかったりできる。

くれーとつうやく【クレート通訳】人

ドミニカ出身で現在は広島のブルペン捕手兼通訳を務めるヘンディ・クレート。サビエル・バティスタの通訳としてヒーローインタビューに登場するも、そのカタコト過ぎる日本語が話題となり、一躍人気者に。2018年広島FC（ファンクラブ）では会員向けコンテンツとして「クレート通訳の最高のスペイン語の使い方」「クレート通訳の最高のグルメレポート」など、彼に関する連載が最高だった。選手が発するコメントと比べると、あまりにも短い日本語訳が話題となった。

くろしおりーぐ【黒潮リーグ】大

1991年から高知県各地で開催されていた秋季教育リーグ。その後、舞台を沖縄に移して「ハイサイ・沖縄リーグ」も行われた。2001年からは関東を舞台に「コスモスリーグ」が、2004年以降、現在まで宮崎県で「みやざきフェニックス・リーグ」が行われている。近年ではプロ12球団だけではなく、韓国プロ野球チームや社会人野球チームも参加し、大々的に行われるようになった。

くろじしき【黒獅子旗】他

社会人野球の都市対抗野球大会で優勝チームに贈られる。金糸に縁どられた旗の中心に獲物に向かって勇ましく吠える黒い獅子の姿が描かれている。2019年はJFE東日本が黒獅子旗を手にした。このときの優勝投手は、元DeNAの須田幸太。

くろすふぁいあ【クロスファイア】投

利き腕とは対角線のコースにビシッと決まるストレートのこと。ホームベースの角を

かすめるストライクで、しばしば左投手が右打者の内角にズバッとストライクを決めたときに用いられるが、右投手が投じるケースも同様の使い方をする。虚を突かれた打者は手を出すことができずに思わず見送り。球審が派手なジェスチャーで「ストライク!」と絶叫。熱狂する観客。野球の見せ場の一つでもある。

くわたろーど【桑田ロード】場

1995年の試合中、桑田真澄（元巨人など）は打球処理の際に右ヒジを強打。その後、トミージョン手術を経て、リハビリに励むことに。術後、まだボールを投げることができず、走ることしかできなかった桑田は、二軍本拠地・ジャイアンツ球場のレフトポールからライトポールまでをひたすら走り続けた。このとき、彼が走った箇所だけ芝生がはがれて一本の道ができあがる。桑田の苦難の象徴であるこの道を、人々は畏怖の念をこめて「桑田ロード」と呼んだ。

け

けいおうしき【慶応式】他

試合内容を詳細に記録するスコアブックの記入法にはアマチュアが採用している「早稲田式」とプロが採用している「慶応式」の2種類がある。ダイヤモンド型のマス目に記入するのが早稲田式で、余白が多く、より細かいデータを記入できるのが慶応式となっている。「スコアブック」（→p.95）も参照のこと。

けいとう【継投】戦

試合の途中で投手が交代し、他の投手に引き継いで登板すること。「リリーフ」とも呼ばれる。先発投手をどこまで投げさせるのか、リリーフ投手をどこで起用するのか、監督の継投策が勝敗を左右する重要なポイントに。

けーじ【ケージ】道

直訳すれば「檻、鳥かご、かご」の意味だが、野球の場合は、打撃練習の際に用いられる防球のための移動式ネットを指す。そのため、しばしばこの防護カゴを称して「鳥かご」と呼ぶこともある。ベテラン野球評論家はしばしば「ゲージ」と口にするが、明らかな誤りなので注意が必要。

げーむさ【ゲーム差】制

リーグ戦において、上位チームと下位チームの差がどの程度離れているのかを示す指標のこと。勝率で上位を決める際の算出方法は「（上位チームの勝ち数－下位チームの勝ち数）＋（下位チームの負け数－上位チームの負け数）÷2」となっている。

○○げきじょう【○○劇場】ネ

主にリリーフ投手に用いられる表現で、あっさり、すっきり、危な気なく相手打線を抑えずに、ヒットを打たれたり、四球を出したり、塁上にランナーをためつつも、何とか抑える投手のことを指す。元ロッテの小林雅英は「コバマサ劇場」と称された。他にも、永川勝浩（元広島）、マーク・クルーン（元横浜など）、マイケル中村（元日本ハムなど）ら多数。

けむりのないすたじあむ

【煙のないスタジアム】場

「健康増進法」の一部改正を受けて、2019年7月26日からZOZOマリンスタジアムでは紙巻きタバコを全面禁止とした。その際に使用されたのがこのフレーズ。煙の出ない加熱式タバコは、専用エリアなら喫煙可能。「受動喫煙対策は努力義務ではなく義務なのだ」というロッテ球団の考え方は潔いが、愛煙家にとっては、ますます肩身の狭い思いをする時代となった。

げんえきどらふと【現役ドラフト】制

出場機会に恵まれず飼い殺しにされている選手にチャンスを与えるべく、新たに導入が検討されている新制度。アメリカで導入されている「ルール5ドラフト」を参考に、日本のプロ野球選手会が提唱。2020年からの本格スタートを目標に、最終調整が行われている。

げんだたまらん【源田たまらん】ネ

攻守にわたって玄人好みのプレーを連発する源田壮亮（西武）を称賛する際に、しばしば用いられるフレーズ。涼しい顔をして淡々と好プレーを連発する姿に、Twitter上では「#源田たまらん」が乱舞する。

けんにんかんとく【兼任監督】職

1970年代の阪神・村山実、南海・野村克也、2006年のヤクルト・古田敦也、2014年の中日・谷繁元信など、選手であり監督でもある兼業監督のことを指す。古田監督時代には自らを代打起用する「代打、オレ」にちなんだグッズが発売された。英語では「プレイングマネージャー」と呼ばれる。

こい【故意】投守

本来の意味は「意図的である状態」を指し、一般的には「わざと」の意で使われる。野球においては、敬遠を意味する「故意四球」、ダブルプレー狙いの「故意落球」で使われるケースがほとんど。

こうかいなどあろうはずがありません
【後悔などあろうはずがありません】言

2019年3月21日、惜しまれつつ現役を引退したイチローが引退記者会見で、「思い残すことは？」との質問の際に放った名言。「2019 ユーキャン新語・流行語大賞」の選考委員特別賞にも選ばれた。

こうしえんれきしかん
【甲子園歴史館】施

2010年3月、阪神甲子園球場外野スタンド下に開設された展示施設。阪神はもちろん、高校野球の展示品が大充実。スコアボード下からグラウンドを見渡せる「バックスクリーンビュー」が人気。通年で行われている「スタジアムツアー」では三塁ブルペンやベンチ（→p.155）などの、日ごろは見ることのできないエリア見学ができる。2021年3月には、拡大リニューアルオープンを予定している。

ふだんとはちがう角度でグラウンドを見ることができる「バックスクリーンビュー」。

こうしょうけん 【交渉権】制

選手獲得の際に行われるドラフト会議では各球団、それぞれ新人選手の「交渉権」を得るために指名を行ったり、重複した場合にはくじを引いたりしている。すなわちこの権利を得た球団だけが、当該選手との交渉が可能となる。交渉権の期限は、交渉権獲得日からドラフト会議翌年の3月末まで。

こうにんやきゅうきそく
【公認野球規則】ル

すべての基本となる公式野球ルールの体系。またはそれをまとめた書籍の

『公認野球規則 2020
Official Baseball Rules』
（ベースボール・マガジン社）

こと。現在、日本で行われている野球公式戦はすべてこの規則に基づいて行われている。NPB（日本野球機構→p.126）のコミッショナー事務局内の「野球規則委員会」の下、毎年少しずつ改正されている。

こうばん 【降板】投

投手がマウンドから降りること。きちんと相手を抑える「納得の降板」の一方で、相手に得点を許した「無念の降板」の際には「KO（ノックアウト）」と用いられることが多い。

こしょうしゃりすと 【故障者リスト】他

メジャーリーグにおいて、公認の医師の判断によりケガや病気で試合出場が難しい選手を登録するリストのこと。2018年までは「DL（ディスエイブル・リスト）」と呼ばれていたが、この言葉には「身体的障害」の差別的意味も含まれるとのことから、近年では「IL（インジュアード・リスト）」と呼ばれるように。日本でも1992年から1996年まで同制度が設けられていたが、現在は存在しない。

こなつおねえさん［こなつお姉さん］

ロッテの名物MCで、本名は庄司こなつ。2006年からロッテのイベントMCとして大活躍。その絶妙な司会ぶりは他球団MCを圧倒し、ファンからの絶大なる信頼を誇る。長年にわたって活躍を続けたが、2020年2月のイベントを最後にMCを卒業。多くのファンを嘆かせた。2019年11月に入籍を発表。おめでとう、こなつお姉さん！

こばとん【コバトン】　(マ)

埼玉県の鳥であるシラコバトをモチーフにした同県の公認マスコット。「彩の国まごころ国体」のマスコットキャラクターとして、2000年5月31日に誕生。2008年の西武日本一の際には、渡辺久信監督の胴上げとともにコバトンのぬいぐるみも一緒に宙を舞った。しばしば西武とコラボが行われており、2014年にはコバトン語をしゃべるとウワサの「さいたまっち」も登場した。

公募による高校生のデザインが原案だとか。手に持っているのは、オリンピックでの聖火にあたる、国体の炬火（きょか）。

2019年度ファンクラブ入会特典「おきあがりこふうさん」。空気を入れて膨らませると、高さ約70cmにもなる。

こふうさん　(マ)

ソフトバンクの名物マスコット「ふうさん」によく似た小型マスコット。公式プロフィールによると、出身地、生息地はいずれも「不明」で、好きな人は「藤井フミヤさん、ふうさん」とのこと。2018年シーズンから登場。ふうさんと行動をともにする。

こふうそう【虎風荘】　(施)

一軍での活躍を夢見て、阪神の若手選手たちが暮らす選手寮。初代虎風荘は甲子園球場に隣接されており、若き日の掛布雅之らが暮らした。1962年から1994年まで使用された。1994年からは、阪神鳴尾浜球場に隣接する現在地に移転。当初は「タイガーデン（虎の穴）」と命名されたが、タイガー魔法瓶の登録商標であることが判明し、現在の「タイガース・デン」に改称された。

ごまぎょう【護摩行】　(イ)

オフシーズンの風物詩。願いが込められた護摩木を焚き、煩悩を焼き払うことを主眼に置いた修行法の一種。巨大化する炎を前

NFB 座談会

日本やきう女子機構

「野球女子」の楽しみ方をとことん追求する研究会「NFB（日本やきう女子機構）」のみなさんに、NFBならではの野球の楽しみ方や現在の活動内容、今後の目標などをうかがいました！

MARIA ISHIMINE

YU YOSHIKAWA

KAREN KAJITA

MIKI KOMATSU

MIKI OSANAI

都内某所で行われたNFB座談会。右から、吉川さん、小山内さん、梶田さん、小松さん、石嶺さん。

野球観戦のアップデートが活動のコンセプト

長谷川 NFB立ち上げの経緯を教えてもらえますか?

小松 2017年の6月ごろにヤクルトのガールズデーがあって、それに誰か女の子を誘って行きたいと思ったのがきっかけでした。私と小山内さんともう一人の3人で行くことが決まったんですが、勢いでチケットを5枚購入しちゃっていたんです。あと2人をSNSで募集したら来てくれる人が見つかって、5人で観戦することになりました。

小山内 当日はものすごい大雨だったよね。

小松 そう(笑)! 結局3回表で帰ることになっちゃったんですけど、帰りにカフェに立ち寄って、ガールズデーって今はこんな感じとか、もっとこうなったらいいよねとか、みんなでいろいろ話すことができて。で、こういう話

をするなら、せっかくだからコミュニティみたいなのを立ち上げようということとになりました。

長谷川 NFBという名前はその日に決まったんですか?

小松 そうですね、NPB(日本野球機構)をもじったものがいいなということで。公式っぽい感じにして、ゆくゆくは野球団体さんともお仕事できたらって気持ちもありました。真ん中の「F」は「female(女性)」の「F」です。決まったときはめっちゃ盛り上がりました! みんなすごい熱量でした。このときの5人が、今も所属している初期メンバーです。

長谷川 コンセプトは決まっているんですか?

小松 その時々でいろいろな意見を出し合いますが、「これをやったら野球好きな女の子が球場に行くのがもっと楽しくなるんじゃないかな」っていう考えは、いつも根底にあります。女の子たちがもっと野球に興味を持ってもらえるようにしたり、野球への知識を深めたり……といった"野球観戦のアップデート"が活動のコンセプトです。

長谷川 なるほど。石嶺さん、梶田さん、吉川さんはどのタイミングで入ったんですか？

石嶺 私は2018年の10月末ごろかな？ Twitterを見てたときに「NFB」っていう言葉が気になって。野球も好きだったので、DMしてみました。

梶田 私は2018年の冬ぐらいですね。記事を読んで、私も入りたいと思って、DMしました。

吉川 私は小山内さんに誘ってもらいました。

小山内 共通の友人がつないでくれたんです。きっと一緒に楽しくできるなって思ったので、声をかけました。

長谷川 好きな球団や選手はそれぞれ別なんですよね。居住地や年齢は？

小松 ほんとバラバラで、一番年上が30代前半くらい。一番若いのは佳蓮ちゃんの20歳かな？ 居住地は北海道から関西まで。20人で活動しています。

長谷川 メンバーになっても、選手だけが好きとか、観戦だけが好きとかに分かれるのもアリですか？

小松 全然OKです！ 野球女子の楽しみ方を拡げるのが私たちのミッションなのに、それを狭める規約を作りたくない。

小山内 むしろ、新しい楽しみ方があるなら教えて欲しいよね。

吉川 私は、兄が野球をやっていたし、家ではほぼ毎日野球中継が流れているような環境で育ったので、野球を競技ととらえて楽しんできました。だから、選手がカッコいいから観るっていう感覚がわからなくて……。小松さんが「推し」って言ってるのにすごくびっくりした覚えがあります。

小松 その多様性がNFBのよいところだと思っています。NFBでは選手のここがよかったとか、プレーも顔もトータルに話せます。

球場コーデやオフ会
女子ならではの活動がいい

長谷川　発足から今までの具体的な活動内容を教えてください。

小山内　最初はみんなで球場に行く合同観戦会をしました。コンテンツづくりよりはオフ会が中心かな。

小松　2018年の2月のオフ会が最初の大きな活動だったと思います。関西から来てくれたメンバーもいて、10人ぐらい集まりました。その日は野球の歴史について学ぶ会を開いて、そのあとでご飯をするっていう勉強会＆オフ会。スポーツライターの方に来てもらって、野球について3時間くらい語り合ったりして。そのとき集まった人はその後も一緒に観戦したりしていて、この会がコミュニティの土台になりま

「球場コーデ」では、ユニフォームの着こなしのアップデートを提案している。

した。あとは、観戦ガイドを書いています。今書けているのは、ヤクルトとホークス。今後はほかの球団も書いていきたいですね

小山内　NFBは、野球好きが広く集まっているので、プロ以外にも高校野球やアマチュアが好きな人も、もちろんいます。アマチュア本を書きたいって言ってる人たちもいますね。

長谷川　思い出に残っていることはどんなことですか？

石嶺　初めてオフ会に参加したとき、あまり周りの人に通じなかった話も共感してもらえて、一体感が楽しかったです。選手名鑑を読みながら話せるって、普通の女子会じゃありえないし。

小松　選手名鑑だけで1時間ぐらい話してたよね（笑）。女子の方が細かいところで一喜一憂できるから、選手のInstagramを見て、私生活はこうなんだ！とか、こんなこと書いてる〜！とか、そういう部分で盛り上がれたな。

小山内　球場に行って楽しむだけじゃなくて、スマホと選手名鑑を片手に盛

り上がるのも、オフ会ならでは。

吉川　その選手が好きな人から選手の情報を聞くと、次観に行った時に気になるようになりますよね。

石嶺　私はDeNAの梶谷選手を推しましたね。

小松　開幕前にみんなで「推し選手図鑑」を作ったんですが、あれはやってよかった。全然知らなかった選手でも、みんなが推しているのを聞くと気になるし、シーズン中にその選手が活躍すると盛り上がります。見る視点が変わる大きなきっかけになったので、毎年開幕前の定番にしたいです。

小山内　あと、やって良かったなって思うのはデート企画。小松さんがディレクターで、ライティングが私、それから編集者の友達を誘ってやりました。この記事を読んでNFBに入って来てくれた人も多くて。自分たちがこんな風に野球を楽しみたいんだよ、ってことを周りに理解してもらいやすくなったのかなって。インパクトがあったんだろうな。

梶田　私は夏の神宮に8人ぐらいで浴

衣を着て行ったことが楽しかった。女子会っていう用途で神宮球場を使えるんだな、って発見になりました。可愛くして球場に行くのもいいなって。球場コーデ(→p.55)をInstagramにあげてるんですけど、やっぱり好評なんですよね。

長谷川　球場コーデはどうやって始まったんですか?

小松　私が「ファッション的なことをやったら、いろんな人が興味持ちやすいんじゃない?」と提案しました。ユニフォームの着こなしって楽しいし、年間通してできるし、Instagram用のネタにもいいですよね。ファッション好きな子が、自前のユニフォームで着こなしを考えてます。撮影は、知り合いのプロのカメラマンに、お仕事としてお願いしています。

やりたいことがいっぱい
NFBらしいことを
発信し続けたい

長谷川 今後NFBとしてやってみたいことはありますか?

小松 もっとみんなで記事を書いていきたいです。

小山内 私は球場コーデを継続コンテンツにしたいですね。春はプロ野球に焦点をあてたいし、春の球場コーデはInstagramでも紹介したい。

梶田 ユニフォームを可愛く着て、撮影会したいよね。

小山内 そうそう! それで夏は高校野球のコンテンツを作りたいし、秋は大学野球がいい。冬はオフ会をして、イベントレポートを作っていきたい。冬ならではの野球の楽しみ方を探りたいし、振り返り記事とかを作るのもいいですよね。でもやっぱり定期的に現場に足を運んで、その場の熱量を感じたい。それがNFBらしいかなって思います。今考えているだけでも、30コンテンツはありますね(笑)。

石嶺 私は記事を書いたりして発信することが好きで、「note」にもいろいろ書いているんですが、今後はこれまで発信してきた内容を本としてまとめられたらいいなって思っています。観戦するときに「この選手は何を考えているのかな」とかを考察したりするのが好きなので、そういう現場の空気感や流れも伝えていきたいです。

梶田 私はプロ野球とか高校野球とか、「野球」がいろいろなカテゴリーに分かれていることが気になっているんです。だからそれをまとめて、一つの「野球」として発信できるような記事を書いてみたいです。野球界って、女性は関わっちゃいけない雰囲気を感じていたこともあったんですが、今後はもっと女性も活躍できるような分野になったらいいなって思っているし、その想いを伝えていきたいですね。

吉川 私も記事は書きたい。野球をあまり知らない人も楽しめるようなコンテンツがいいな。最初は単純に、「可愛い」とか「かっこいい」というところから興味を持ってもらいつつ、そこだけじゃないんだよってことも伝えていき

たい。私の周りでは野球観戦する人が少ないし、野球のルールがわからないって言われることも多いです。だから、できるだけ野球の敷居を低くしたい。アマチュアとプロとか関西と関東とか気にせずに、自分が置かれた環境でいかに野球を楽しむか、野球全体でどう楽しむかってことをこれからは考えたいですね。

小松 こうやって、みんながいろいろやりたいことがあったときに、一人じゃできないけどNFBだからできるっていうふうにしていきたいですね。

人気の「球場デート」記事。「note」より。

長谷川 今もメンバーは募集しているんですか?

小松 メンバーや活動内容を知ってもらうような記事を私が書いて、興味がある人を募っています。入会資格は設けていなくて、希望者の人となりを私がチェックしています。連絡をもらうときの自己紹介の熱量や、その人がSNSで野球についてどんな発信をしてるかを見ています。今までお断りしたことはないですね。みなさん、自分の

野球愛を伝えてくれるので、一緒にやりましょう、って言っちゃいます!

長谷川 それはすばらしい。だけど、今後、申し込みが増えたら断るケースも出てくるんじゃないですか?

小松 たしかに、たとえば、誰かの楽しみ方を悪く言う人はちょっと……。NFBは安心できる場でありたいので、私がしっかりリーダーとして統率しなきゃ、とは思っています。ゆくゆくは、記事を読む人とか、観戦メインの人とか、それぞれの活動で住み分けもありかなって。

小山内 せっかく野球が好きで入ってくれたのに、野球を嫌いになって退会する、なんてことには絶対したくなくて。だから、それぞれの楽しみ方ができるようにサポートしていきたいです。みんながやりたいことをきちんとできて、NFBの活動がどんどん大きくなっていったときに、球団や選手に届けばいいですね。

Plofile

小松美貴（こまつ・みき）
職業：会社員
95年5月22日生まれ

小山内彩希（おさない・みき）
職業：編集者・記者
95年10月8日生まれ

梶田佳蓮（かじた・かれん）
職業：大学生
99年7月22日生まれ。

石嶺まりあ（いしみね・まりあ）
職業：会社員
9月19日生まれ

吉川 由（よしかわ・ゆう）
職業：保育士
8月23日生まれ

NFB（日本やきう女子機構）

Twitter：@nfb_baseball
note：nfb_ol
Instagram：@nfb_fashion

「野球観戦」をアップデート！

野球観戦にハマった野球女子たちが、女性にとっての野球観戦をもっと楽しくアップデートする施策を勝手に考えるチーム「日本やきう女子機構」。通称NFB。実際に球場に足を運びながら各球団の野球観戦を研究し、「もっとこうなったらいいな！」を発信。

に灼熱に耐え、やけどを負いながらも一心不乱にお経を唱え続ける。精神修養を目的に金本知憲（元阪神など）、新井貴浩（元広島など）が行い、野球ファンにはおなじみとなった。

こやじい 【コヤジイ】 人

日本ハムやオリックスなどで活躍した現オリックスコーチ・小谷野栄一のこと。頼れる兄貴分として親しみを込めたニックネーム。老け顔の松坂世代。

ごりらぽーず 【ゴリラポーズ】 人 パ

阪神第103代四番を務めた陽川尚将が、歓喜の際に見せるパフォーマンス。陽川が打つたびに、ベンチの選手たちも胸を叩いてゴリラポーズで称える。本人曰く、「グーではなく、パーで叩くのがポイント」とのこと。

これからはぱ・りーぐです！
【これからはパ・リーグです！】 言

アメリカから日本球界に復帰し、日本ハムに入団した新庄剛志が放ったひと言。2004年のオールスターゲームでホームスチールを成功させた新庄は、ヒーローインタビューにおいて「これからはパ・リーグです！」と宣言。新時代の到来を感じさせる時代を変える名言だった。

こわれたしんごうき
【壊れた信号機】 人

相手外野手の守備位置や肩の強さを考慮に入れたうえで、ホームに突入させるか、それともストップさせるか、一瞬の判断を余儀なくされるサードベースコーチ。判断ミスによって、ホームでの憤死が続くと、しばしばこのように揶揄される。成功して当り前、失敗すればボロクソ。大変な職業だ。

こんでぃしょんふりょう
【コンディション不良】他

かつては、水たまりやぬかるみなどのグラウンドコンデイションのことを指す言葉だったが、現在では選手の体調を指す言葉に変化しつつある。その根底にあるのは「マスコミを通じて、相手チームに自軍選手の故障箇所をいちいち正確に伝える必要があるのか?」という考えがあるようだ。

ごんどう、ごんどう、あめ、ごんどう
【権藤、権藤、雨、権藤】人

現役時代は中日のエースとして、指導者に転じてからは監督として横浜を日本一に導いた権藤博。ルーキーイヤーとなった1961年にはひたすら投げ続け、新人ながら35勝で最多勝を獲得。翌年も30勝を挙げて2年連続最多勝となる大活躍を見せた。そのあまりの登板過多ぶりに、「権藤、権藤、雨、権藤」(雨の日以外は毎日権藤が投げている、の意)が当時の流行語となった。

こんぺきのそら 【紺碧の空】他

東京六大学・早稲田大学の第一応援歌。作詞は住治男、作曲は古関裕而。「紺碧の空　仰ぐ日輪　光輝あまねき　伝統のもと」と続く。早大出身選手はこの曲を聴くと、条件反射的に気持ちが高まるのだという。

早稲田大学出身の主なプロ野球選手

六大学野球の花形・早稲田大学からプロ入りした選手をご紹介。彼らはみな「紺碧の空」を聞くと奮い立つはずだ。

●早稲田大学出身

選手名	入団―引退	所属球団
荒川 博	1953-1961	毎日オリオンズ (毎日大映オリオンズ)
小森光生	1954-1966	毎日オリオンズなど
広岡達朗	1954-1966	巨人
安田 猛	1972-1981	ヤクルト
谷沢健一	1970-1986	中日
岡田彰布	1980-1995	阪神など
小宮山悟	1990-2009	ロッテなど
水口栄二	1991-2007	近鉄など
仁志敏久	1996-2009	巨人など
和田 毅	2003-	ソフトバンク
鳥谷 敬	2004-	ロッテ
青木宣親	2004-	ヤクルト
田中浩康	2005-2018	ヤクルトなど
斎藤佑樹	2011-	日本ハム
中村奨吾	2015-	ロッテ
有原航平	2015-	日本ハム
茂木栄五郎	2016-	楽天
小島和哉	2019-	ロッテ

一生、野球に触れていたい！ 野球を仕事にするには？

たとえプロ野球選手になれなくても、野球に関わる仕事はたくさんある。
一体、どんな仕事があるのか、大好きな野球を仕事にするのはどうすればいいのか？

新聞記者

試合の詳細や選手の考えを丁寧に伝えるのが、スポーツ新聞の記者、あるいは一般紙の運動面担当記者。一般的には大学卒業後に新聞社に就職して、現場に配属された後に野球選手に話を聞いたり、試合のレポートを書いたりするのが正規ルート。日々、身近に野球と接する充実した仕事である反面、球団担当の「番記者」になると、チームとともに全国を飛び回り、試合後すぐに迫りくる締め切りに間に合うように的確に試合分析を行いつつ記事をまとめるハードな仕事でもある。文才、コミュニケーション力、体力など多方面の能力が必要。

スポーツライター

勝敗を分けたポイントを分析し、選手の内面に迫り、全国の有望選手を紹介し、さまざまな面から野球の魅力を伝えるスポーツライター。基本的にはフリーランスとして個々人で活動することが多い。特別な資格もなく、「なる」のは簡単だが、実際に職業としてコンスタントに仕事を得られるかどうかは別問題。新聞記者や雑誌編集者、編集プロ勤務などを経てフリーになったり、元プレーヤーが自らの経験や人脈を生かした上で、この仕事に就くことが多い。やりがいや達成感は大きいが、出版不況の現在、発表する媒体が減少しつつあるのも課題。

野球雑誌編集者

企画を立案し、取材を行い、文章を整理するなど、野球専門誌やスポーツ誌におけるすべての業務に携わるのが編集者。出版社に就職して、配属された雑誌で働くのが一般的だが、正社員という形ではなく、「嘱託」や「非正規」という形で働くことも可能。野球に対する知識や情熱に加え、企画力、コミュニケーション力、文章作成力、校正実務など幅広い編集スキルが求められる。主な活動の場としては「週刊ベースボール」（ベースボール・マガジン社）、「野球太郎」（廣済堂出版）、「Number」（文藝春秋）などがある。

野球殿堂司書

本や資料の収集、分類、整理、管理、情報提供などを行う。東京ドームに併設された野球殿堂博物館の図書室でも、司書の方々が献身的に働いている。この仕事に就くには、「司書」の国家資格が必要。司書資格を取るには「大学、短期大学で司書課程の単位を取得する」「大学、短期大学、または高等専門学校を卒業した上で、約2カ月間の司書講習を修了する」「司書補として3年以上働き、約2カ月間の司書講習を修了する」方法が。野球殿堂司書は限りなく狭き門だが、これもまた野球と関わる仕事なのだ。

公式記録員

たとえば、打者が一塁に生きた場合、それが安打（ヒット）なのか、失策（エラー）なのかを独自の判断で決定する権限を持つのが公式記録員。一軍、二軍、すべての公式戦が開催される球場に出かけて、スコアを記録、報告するのが主な仕事。年間で100試合以上は集中して試合に臨むハードな仕事。個人事業主である審判員とは異なり、NPBと雇用契約を結ぶサラリーマン。2019年シーズン終了時点で19名の公式記録員がいる。募集は不定期で、応募条件は「野球経験者、または野球知識の豊富な25歳以下」などとなっている。

実況アナウンサー

野球中継の主役と言ってもいい実況アナウンサー。テレビ局に就職し、アナウンス局に配属され、さらにスポーツ担当となって野球中継を任されるのが王道中の王道ルートだが、ごく一部に限られた超狭き門。現在は地上波だけではなく、BS、CS、ネット配信など多チャンネル化したことによって、必ずしも「実況アナ＝局アナ」ではなく、フリーランスのアナウンサーも増えている。野球に関する幅広い見識も必要だが、当然アナウンス技術も欠かせない。アナウンス学校に通って発声練習や語彙力強化に励むのが一般的な道筋。

テレビ中継スタッフ

試合中継にはカメラマンやスイッチャー、音声、スローモーションオペレーター、ディレクター、プロデューサーなど、多くの人が関わっている。テレビ局やスポーツ中心の制作会社に就職するのが近道だが、求人情報サイトを見ると、「テレビ放送オペレーター」「テレビ中継スタッフ」などという形でしばしばアルバイトや正社員の募集が行われている。J-SportsやDAZNなどのスポーツ専門局も増加傾向にあり、各球団、リーグなどで「公式映像」という形で映像を記録するのも主流となっており、活躍の場は増えつつある。

エージェント

選手の代理人として年俸や待遇改善を訴え、球団と交渉する役割を担う。エージェントを起用することで、選手は球団との対等な交渉が可能となる。メジャーリーグでは選手を上回る超高額報酬を手にする者も多い。NPBの場合は選手会に「代理人」として登録しなければならない。登録できるのは日本弁護士連合会所属の弁護士か、メジャーリーグ選手会公認代理人のみという難関。法律に通じ、交渉力に長け、選手との信頼関係を築く人間力も必要。かつて、トム・クルーズ主演で『ザ・エージェント』という映画も公開された。

球団職員

プロ野球球団を運営する会社で、主役である選手たちの裏方としてチームを支える仕事。親会社からの出向や転籍のケースもあれば、球団が独自に採用しているケースもある。イベント企画立案、チケット販売、球場の広告出稿交渉、ファンクラブ運営など、仕事内容は多岐にわたる。某球団の広報担当氏は、大卒時に「どうしても球団に就職したい」と思ったものの、その年の募集はなく断念。あえて球団の親会社に就職したところ、わずか数年で「球団への出向を命じる」との辞令が出て、以来二十年以上も野球に関わっているという。

スポーツメーカー

バットやグローブ、スパイクなど、選手が使用する道具を開発、販売、提供するのが主な仕事。アディダス、アシックス、ナイキ、アンダーアーマー、久保田スラッガー、ワールドペガサス、ドナイヤなど多数。球場付近や選手たちが利用するクラブハウスにはスポーツメーカーの車が停まっている光景をしばしば目にするように、各球団にそれぞれ担当者がつき、道具に対する要望を聞いたり、その場で修理をしたり、献身的に選手を支える。フリーランスは存在しないので、まずはスポーツメーカーに就職することが唯一の方法。

トレーナー

選手のコンディションを整える重要な役割を担う。ケガの防止、疲労回復だけではなく、ときにはメンタルケアを行うことも。人体の構造や、身体の各機能を熟知した上で、最新のトレーニング理論を学び続ける努力が必要。医療系の専門学校や体育大学などで専門知識を身につけた上で、日本スポーツ協会認定の公認アスレチックトレーナー資格や、理学療法士、作業療法士、あん摩マッサージ指圧師、柔道整復師などの国家資格の免許を取得するのが一般的。海外に留学して最新の知識や技術を学んだ後に仕事に就くケースも多い。

審判

プロ野球で審判員になるためには、審判員の育成とプロ野球審判の採用を目的に2013年に設立された「NPBアンパイアスクール」を受講する必要がある。スクールは毎年12月に数日間にわたって開催される。応募資格は高卒以上。かつては身長や年齢制限などが細かく規定されていたが、現在では撤廃されている。全プログラムを受講後、適性が認められれば、翌春のプロ野球キャンプに参加が許され、そこで合格すれば、「育成審判」「研修審判」として契約を結ぶ。狭き門ではあるものの受験ルートが明確なので自信があればぜひ受講を。

YouTuber

デジタルギアの発達と普及により、誰でもメディアが持てるようになった現在、元プロ野球選手である高木豊、里崎智也、片岡篤史、新庄剛志、井端弘和、あるいは現役メジャーリーガーであるダルビッシュ有など、多くの人がYoutuberとして活動している。再生回数に応じて広告収入が入る仕組みで、コンスタントに人気コンテンツを作り出せば大金持ちも夢ではない。「○○をやってみた」「○○選手の打撃指導」「最新○○グッズ徹底比較」など、人気コンテンツを連発し、最近ではトクサンTV、クニヨシTVなど、人気Youtuberが次々と台頭中。

野球居酒屋オーナー

テレビ中継を見ながら、みんなでワイワイお酒を呑んだり、食事を楽しんだりするスポーツバーの中でも「野球」に特化したのが野球居酒屋。全国各地に存在しており、プロ野球OBがオーナーの場合もあれば、大の野球好きが店主を務めるケースもある。店内には大型ディスプレイを設置して、試合中継を放送しながら、観客が一体となってひいきチームの応援をする。ユニフォームや選手のポスターなど、思い思いの内装や展示物を飾る夢の空間。具体的には45ページから始まる東京・神田の「リリーズ」高橋雅光店長の体験談を参照のこと。

通訳

外国人選手のために、慣れない日本での生活を公私にわたって支える大切な仕事。語学が堪能であることが第一条件だが、日常会話レベルだけではなく、独特な「野球語」に精通していることも重要。公的な資格はないので実力主義で、一般的にはネイティブスピーカーに近いレベルまでしっかり習得した後に、通訳養成のための専門学校で学ぶことが多い。近年は英語圏だけではなく、スペイン語圏、アジア圏など、多彩な国籍の選手が来日しているため、英語以外の幅広い言語の重要性も高まっている。球団単位で募集している。

「グラウンドにはゼニが落ちている」(鶴岡一人／南海)

リーグ優勝11回、通算1773勝を記録し、選手たちからは「親分」と慕われた鶴岡一人監督。プロ野球草創期、まだ「職業野球」と蔑まされ、世間の人々の中に、スポーツで金を稼ぐことにアレルギーが残っていた時代に「プロならばどんどん活躍して大金を稼げ」と選手たちを鼓舞した。

「給料がのうなっても、ワシは野球をやりたい」(川藤幸三／阪神)

1984年オフ、スカウト転向を通告された川藤は、球団からの申し出を固辞。「野球を続けさせてくれ」と懇願し、前年比60パーセントダウンの480万円で現役続行を決めた。一連のやり取りを通じて、ファンは川藤を支持。「浪速の春団治」としてますます人気者に。

「ボールが止まって見える」(川上哲治／巨人)

「打撃の神様」と称された川上哲治が、メジャーリーグ留学を終えて帰国した1951年に語った有名なフレーズ。この年の川上は97試合に出場して.377という自己最高打率を記録。さらに、424打席で三振はわずか「6」という、アンビリーバボーな好成績を残している。

思えば、いろいろありました
忘れじの名言＆【昭和編】

「ホシとシマの間違いじゃないのか?」(星野仙一／中日)

明治大学のエース・星野仙一は巨人志望だったものの、ドラフト会議で巨人が1位指名したのは武相高校の島野修。そのとき星野が口にしたのがこのフレーズ。「星野」と「島野」。この悔しさがあったからこそ、星野は「打倒巨人」に燃え、現役通算146勝のうち35勝を巨人からマークしたのだ。

「乱闘は教育上よくないって言うけど、これプロ野球だから。教育じゃないから」(東尾修／西武)

臆することなく打者の内角を突く東尾の「ケンカ投法」は、しばしば乱闘劇を呼んだ。「子どもの教育上よくない」という世間の声に対して、東尾は平然とこの言葉を口にした。スポーツマンシップにあふれる平成時代とはまったく違う野球士たちの野球がそこには確かにあった。

「野球に勝ったとも負けたとも言えない。強いて言えば引き分けでしょうか?」(衣笠祥雄／広島)

1987年9月21日、ついに現役引退を表明した衣笠祥雄が記者に語った言葉。選手生命に関わるようなデッドボールを食らっても、「気にするな」と相手投手を気遣う人格者であり、どんなことがあっても試合に出続けた「鉄人」は間違いなく野球の勝利者だった。

「長嶋茂雄がヒマワリなら、オレは夜咲く月見草」(野村克也／南海)

国民的ヒーローだった長嶋に対して、野村が自虐的に口にしたフレーズ。セ・リーグとパ・リーグ、巨人と南海、何から何まで対照的な二人だったが、現役時の通算成績でも、監督としての成績もノムさんの圧勝。ノムさんもまたまばゆいばかりの大スターだった。

「打たれん方法？それは投げんことやろね」（山本和行／阪神）

1980年代の阪神投手陣の台所を支えた山本和行は1981年、7連続KOという絶不調。記者からの質問に対して、逆ギレするのも仕方ない（笑）。しかし、最終的には12勝12敗1セーブというまずまずの成績を残してチーム3位に貢献しているのも見逃してはいけない。

「オレがルールブックだ」（二出川延明／パ・リーグ審判部長）

1959年7月19日の大毎対西鉄戦において、判定をめぐって西鉄・三原脩監督が猛抗議。これを受けて、審判控室に待機していた二出川延明が発したフレーズ。三原は、「ルールブックを見て確認を」と訴えたが、ルールブックを自宅に忘れた二出川は何食わぬ顔をして申し出を突っぱねた。

「みなさん、そんなに興奮しないでください」（江川卓／巨人）

野球協約の抜け道を突いて、阪神から巨人に入団した江川卓。いわゆる「空白の一日」をめぐる大騒動の中で、ついに江川本人が記者会見に登場。記者たちからの辛辣な質問が相次ぎ、会場に怒号が飛び交う中で、彼はこのフレーズを口にした。あの頃、江川は大ヒールだった。

迷言＆珍言集

言葉を発しなくともすでに雄弁な肉体を誇る野球選手たち。しかし、ひとたび口を開けば、実に味わい深い言葉も発している。そんな名言、迷言、珍言の数々をご紹介しよう！

（平成編はp.130へ！）

「100回振っても、1000回振っても、寸分たがわない素振りはできないものか」（王貞治／巨人）

前人未到の868本塁打を誇る王貞治は現役を引退するまでバッティングの真髄を追究し続けた。現役最後の年となった1980年も30本塁打放っていたにもかかわらず、「王貞治のバッティングができなくなった」と潔く引退。求道者ならではの思いが透けて見える言葉。王は通算1000本塁打を目指していたという。

「プロは自分が最初に酔ってはいけないんだ。客を酔わせて自分は醒めている。笑いたいのなら人形のように腹で笑うことだ」（山田久志／阪急）

現役通算284勝166敗で、阪急の大エースだった山田久志。マウンド上の彼は常にポーカーフェイスで並み居る強打者たちと対峙していた。この頃は近鉄・鈴木啓示、西武・東尾修、日本ハム・高橋直樹など、パ・リーグ各チームには個性的なエースが群雄割拠してしのぎを削っていた。

「すき焼きは好きだけど、あの食べ方は絶対にできない」（リチャード・デービス／近鉄）

1980年代半ばに近鉄の主力打者として大活躍したデービス。彼はすき焼きが大好物だったが、周囲からいくら勧められても肉を生卵につけることはしなかったという。86年には死球をめぐって東尾修と乱闘を起こし、88年には大麻の不法所持でシーズン途中で解雇に。

さーくるちぇんじ 【サークルチェンジ】投

相手打者のタイミングを狂わせる変化球・チェンジアップの俗称。由来は人差し指と親指で輪（サークル）を作って投げる握り方から。なお、チェンジアップは握りがさまざまで中指と薬指でボールを挟んで投じられる「バルカンチェンジ」など、握り方、投げ方によって数種の呼び方がある。

さいれんととりーとめんと
【サイレントトリートメント】パ

アナハイム・エンゼルスに入団した大谷翔平は日本時間2018年4月4日、メジャー初ホームランを放った。しかし、ダイヤモンドを一周し、自軍ベンチに戻ったもののチームメイトは知らんぷり。これはメジャーリーグ特有のセレモニーで、活躍した選手

に対してあえて無視したり、よそよそしい態度を取ったりして、その後、手荒く祝福するというもの。これ以降、日本球界でもしばしば見られるようになった。

さからわない 【逆らわない】打

一般的には「反抗しない」「従順な」の意味で用いられるが、野球界では「ボールの勢いに抗うことなく、素直な打撃をすること」を意味することが多い。右打者なら右方向に、左打者なら左方向に打つケースで、しばしば使用される。

ささきしんや 【佐々木信也】人

昭和時代のフジテレビ系人気番組『プロ野球ニュース』初代キャスター。高橋ユニオンズ出身の元プロ野球選手でありながら、本業のスポーツキャスター以上に爽やかなMCぶりによって、日本人の野球偏差値を大きく向上させた偉人。セ・リーグ偏重時代にあって、12球団を満遍なく取り扱い、多くの人に野球の奥深さ、パ・リーグの魅力を伝えることとなった。ぜひ、野球殿堂入りを望みたい！

ささやきせんじゅつ
【ささやき戦術】戦

打席に入った打者に対して、捕手が話しかけることで集中力を削ぐという姑息な作戦

（笑）。稀代の名捕手・野村克也（元南海など）が得意としていた。ノムさんによれば、「生真面目な王貞治（元巨人）には効果があったが、長嶋茂雄（元巨人）にささやくと普通に会話が始まり、こちらのペースが狂わされた（笑）」とのこと。

ざ・すこあらー 【ザ・スコアラー】(作)

40年にわたって巨人のスコアラーとして活躍した三井康浩氏が2020年に発売した本のタイトル。侍ジャパンのスコアラーとしても活躍し、2009年WBC決勝戦10回表にイチロー（元オリックスなど）が放った伝説の一打の陰には「シンカーを狙え」という三井氏のアドバイスがあったという。

『ザ・スコアラー』（著：三井康浩　KADOKAWA）

さちゅうかん 【左中間】(試)

文字通り、「左翼」と「中堅」の間のこと。つまり、レフトとセンターの間を指す。対義語はもちろん「右中間」（→p.37）。

さっしー 【サッシー】(人)

長崎・海星高校時代、甲子園で旋風を起こした酒井圭一（元ヤクルト）の愛称。ネス湖で目撃された未確認生物「ネッシー」をもじって名づけられた。超高校級の怪物として期待されたものの、プロでは大成しなかった。

さとざきちゃんねる 【Satozaki Channel】(✕)

野球YouTuber（→p.171）の代表格である里崎智也（元ロッテ）のYouTubeチャンネル。登録者数は25万人超で増加の一途をたどる。現状への提言、プロ野球選手の実態、技術やメンタル面の解説など内容は多岐にわたる。番組をまとめた『プロ野球里崎白書』（扶桑社）も好評発売中。

さばく (打)(守)

ボールを巧みに処理すること。難しいバウンドのゴロや、ショートバウンドを華麗に捕球、送球してアウトにすること。「巧みなグラブさばき」「難しいゴロを難なくさばきました」などと使われる。打者が難しいボールを見事に弾き返した際に使用されるケースもある。

さめだんす 【サメダンス】(パ)

西武の森友哉、2020年に巨人に入団したジェラルド・パーラは、ともに打席に立つ際の登場曲に「ベイビー・シャーク」を使用。この曲に合わせて両手を前に突き出してサメの口のように小刻みに上下させる応援スタイルのことを「サメダンス」と呼び、「感染リスク」（感染リスク高→p.50）は「要検討」と判断された。

さやまちゃ【狭山茶】食

埼玉県西部、東京都西多摩地域名物で、静岡茶、宇治茶と並ぶ日本三大茶の一つ。メットライフドームでは茶摘み姿の売り子さんがスタンド（→p.96）を練り歩く。また、球場内の新井園本店では狭山茶漬け（600円）が人気。

狭山茶を使った狭山茶漬け。「埼玉西武ライオンズ STADIUM GUIDE2019 vol.2」より。

さゆうびょう【左右病】他

一般的に「左打者は左投手を苦手とし、右打者は右投手を苦手とする」と言われている。これを受けて、ピンチの場面になると、守備側の監督が頑なに「左投手対左打者」「右投手対右打者」を選択したり、あるいは攻撃サイドで言えば、右投手に対しては左打者を、左投手には右打者を代打に送ったりするような指揮官のことを、皮肉を込めて「左右病」と呼ぶ。

ざる【ザル】守

鉄壁の守備のことを「水をも漏らさぬ守り」などと形容する一方、ミスが多く、穴（→p.30）だらけの守備のことをしばしば「ザル」と呼ぶ。

さんかくとれーど【三角トレード】制

意中の球団に入団するために他チームを経由してトレード（→p.120）を行うことで、新人選手を含むことは禁止されている。過去には1969年の荒川堯、1978年ドラフトで指名された江川卓のケースがあり、いずれも「荒川事件」「江川事件」として世間を巻き込む大騒動に。

さんぐんせいど【三軍制度】制

支配下登録選手枠である70名を超えて、選手育成を目的に、規定以上に選手枠を拡大できる制度。支配下登録選手が65名以上いるチームは支配下外の育成選手を獲得することが可能に。公式に「三軍」と称しているのは巨人、広島、ソフトバンクの3球団。その他、阪神、楽天にも同様の位置付けの組織が存在する。

さんじゅうさつ【三重殺】守

一度に三つのアウトを取ること。トリプルプレーともいう。めったに見ることができない激レアプレー。

さんじゅうさんたいよん
【33対4】史

ロッテと阪神の間で行われた2005年日本シリーズ全4試合の、両チームの合計スコア。この年はロッテが4勝0敗で完全勝利。千葉マリンスタジアム（当時）で行われた初戦は、まさかの濃霧コールドゲーム。阪神打線は完全に沈黙し、4試合でわずか4点しか奪えなかった。

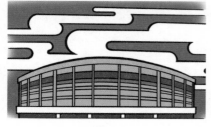

さんせいどうこくごじてん
【三省堂国語辞典】作

日本を代表する国語辞典。その第七版では「阪神タイガース仕様」と「広島東洋カープ仕様」が販売された。基本的には一般の辞書と変わらないが、カバーには球団のロゴマークがあしらわれ、一部語句の用例が野球でたとえられている。しかし、「阪神仕様」にもかかわらず「ミスター」の項目では、その用例として「ミスタージャイアンツ」が用いられ、ファンの間で物議をかもしている。「鷹の三国」（→p.107）は、同シリーズの3球団目。

(右)2018年発売『三省堂国語辞典 第七版 阪神タイガース仕様』(左)2019年発売『三省堂国語辞典 第七版 広島東洋カープ仕様』（ともに編者：見坊豪紀・市川孝・飛田良文・山崎誠・飯間浩明・塩田雄大 三省堂）

さんぞくだせん【山賊打線】打

元々は江藤慎一、土井正博、白仁天らを擁した1975年の太平洋クラブ・ライオンズ打線のことを指していた。しかし今では、2018年の秋山翔吾（現レッズ）、浅村栄斗（現楽天）、山川穂高、中村剛也らが豪打爆発した西武打線に用いられるようになった。翌2019年は浅村が楽天にFA（フリーエージェント→P.148）移籍したものの、森友哉が首位打者、山川が本塁打王に輝くなど、山賊打線は健在だった。

さんとりーどりーむまっち
【サントリードリームマッチ】大

1995年から開催されている夢の祭典。2019年はミスターカープ・山本浩二監督率いる「ザ・プレミアム・モルツ球団」と田尾安志監督（元中日など）が指揮する「ドリーム・ヒーローズ」が対戦。往年の名選手たちがときに真剣に、ときにコミカルに死闘を繰り広げた。近年の始球式は石原さとみが務め、多彩な投法を披露してファンを魅了。コロナ禍により2020年は中止に。

さんぽんかん 【三本間】試

「三塁」と「本塁」の間のこと。「さんほんかん」ではなく、「さんぽんかん」と読む。三塁走者が飛び出してランダウンプレー（→p.174）になった際に、しばしばアナウンサーは「三本間に挟まれました！」と絶叫するスリリングなプレー。

さんまりんすたじあむみやざき
【サンマリンスタジアム宮崎】場

宮崎県総合運動公園硬式野球場の愛称。両翼100メートル、中堅122メートル。巨人が春季（→p.88）、秋季キャンプ（→p.87）に使用している。命名者は長嶋茂雄。まさに、ミスターらしいネーミング。

海が近く、開放感あふれるスタジアム。

さんゆうかん 【三遊間】試

「三塁」と「遊撃」の間のこと。三遊間に飛んだゴロを華麗にさばく（→p.81）姿はショートにとって最大の見せ場となる。

しーずんしーと 【シーズンシート】場

本拠地での主催試合をすべて同じ席で観戦できる夢の座席、およびチケットの総称。企業が取引先との接待用にしたり、社員への福利厚生の一環としたり、熱心なファンが応援用に購入したりする。「年間シート」とも呼ばれる。

じえんご 【ジェンゴ】ネ

漢字で書けば「自援護」と表記し、投手が自分で打って、自分自身を援護する際に用いられる。ふがいない打撃陣を揶揄したり、孤軍奮闘したりする投手を賛美する表現。

じくあし 【軸足】投打

利き足のこと。右投げなら右足、左投げなら左足を指す。

じぐざぐだせん 【ジグザグ打線】打

右打者と左打者を交互に並べる打線のこと。相手チームは投手継投に頭を悩ますことになり、「左右病」（→p.82）対策としても有効。しかし、「お股ニキ」（→p.44）氏は自著で、「本当のジグザグ打線とは積極型と待球・出塁型を交互に並べること」と説得力のある持論を展開している。

しざいおきば【資材置き場】他

2020年東京オリンピック期間中、ヤクルトの本拠地は「資材置き場」として使用されることが決まっていた。歴史と伝統ある神宮球場が、まさかの「資材置き場」となることに不満の声は大きい。少なくとも筆者は不満だ。ところが、新型コロナ騒動により、オリンピックは延期に。この計画も白紙となった。

しさつ【刺殺】守

打者や走者を直接的にアウトにすること。また、その野手に記録される守備記録のことで、フライを捕球した選手、走者やベースにタッチしてアウトにした野手、三振を奪った投手などに記録される。たとえば、フライを捕球した外野手が一塁手に返球し、飛び出していた一塁走者をアウトにしたケースでは、打者の刺殺は外野手に、走者の刺殺は一塁手に記録される。

ししきゅう【四死球】投打

四球（フォアボール）と死球（デッドボール）を合わせた言葉で「ししきゅう」と読む。かつて、野球のことは何も知らないまま『プロ野球ニュース』（フジテレビ）のメインキャスターに抜擢された元フジテレビの中井美穂アナが「よんしきゅう」と読んだのは有名なエピソード。

じしゅとれ【自主トレ】他

主に春季キャンプ（→p.88）前に行われる自主的なトレーニングの略称。実績を残したベテラン選手は若手を引き連れて海外で行うことが多く、新人たちは合同で行い、この場合は「合同自主トレ」と呼ばれる。最近ではチームの垣根を越えて、他球団の選手同士で実施するケースも増えた。

じしんがかくしんにかわった
【自信が確信に変わった】言

1999年5月16日、西武の黄金ルーキー・松坂大輔と当時オリックスのイチローが初対戦。この試合で松坂はイチローから3打数3奪三振を記録。試合後に語ったのが、今もなお球史に残るこのセリフだった。

したまちすわろーず
【下町スワローズ】言

ケガ人が続出する中で、若手や控え選手たちが一丸となって戦うボロボロ状態のヤクルトのことを表現した言葉。命名者は坂口智隆で、池井戸潤原作の人気ドラマ『下町ロケット』（TBS系）がその由来。

じってんはちけっせん

【10・8決戦】史

1994年10月8日、ナゴヤ球場で行われた中日対巨人最終戦の俗称。最終戦まで同率首位で、「勝った方が優勝」という緊迫した一戦となったため、巨人・長嶋茂雄監督は「国民的行事」と呼んだ。この試合で長嶋監督は槇原寛己、斎藤雅樹、桑田真澄の三本柱を投入し、見事に勝利した。

しのろーど 【死のロード】他

高校野球夏の甲子園大会開催中、同球場を本拠地とする阪神は長期間の遠征を余儀なくされる。真夏に長期の遠征が続くことで、かつては「死のロード」と呼ばれていた。近年では冷房完備の京セラドーム大阪で主催試合が行われることが多く、「死の」という言葉がとれ、単に「長期ロード」と呼ばれるように。

じゃーにーまん 【ジャーニーマン】人

直訳すれば「旅人」だが、プロ野球をはじめとするスポーツ界では「いくつものチームを渡り歩く選手」のことを指す。江夏豊（元西武など）、工藤公康（元横浜など）ら、アクの強い個性的な実力者が多く、「優勝請負人」と呼ばれることも。

じゃいあんつあかでみー

【ジャイアンツアカデミー】団

幼児から小学生を対象に「野球を通した子どもたちの健全育成と、野球界のすそ野拡大を目的として」設立された野球教室。長嶋茂雄（元巨人）が名誉校長を務め、巨人OBたちがスタッフとして、熱心で本格的な指導に当たっている。

じゃっきー・ろびんそん・でー

【ジャッキー・ロビンソンデー】イ

一般的に「黒人初のメジャーリーガー」と称されるジャッキー・ロビンソン。有色人種が排除されていたメジャーリーグにおいて、白人以外の人種が参加する道を拓いた。人種差別撤廃の象徴である彼のメジャーデビュー日、4月15日には全球団の全選手が彼の背番号「42」のユニフォームを着用して、その功績をたたえる。

しゅうさんやきにく【週三焼肉】人

焼肉大好き、廣岡大志（ヤクルト）の愛称。球団もこの「四字熟語」をピンバッジにしたり、弁当にしたりと大々的にプッシュしている。「週三焼肉弁当」は味が濃い。

しゅごしん【守護神】役

投手の継投（→p.61）において、主に最後を任される「クローザー」の別称。自軍のリードを最後まで守り抜きチームを勝利に導くことから、ナインとファンの信頼を集める頼りになる存在。

しゃんぱんふぁいと
【シャンパンファイト】イ

メジャーリーグやF1などのスポーツ選手が優勝を祝して仲間同士でシャンパンを掛け合って喜びを表現する行為のこと。日本では長い間「ビールかけ」が主流だったが、近年ではシャンパンファイトに移行しつつある。「シャンパンシャワー」とオシャレな表現で呼ばれることも。

しゅいだしゃ【首位打者】タ

規定打席（→p.52）に達した打者の中で、もっとも打率の高い選手に送られる公式タイトル。最多本塁打、最多打点と並んで打撃主要三部門の一つとして数えられている。

しゅうききゃんぷ【秋季キャンプ】他

ペナントレース終了直後の秋に行われるキャンプのこと。開幕を目前に控えた「春季キャンプ」（→p.88）は実践練習が主だが、秋のキャンプは主に体力強化やフォームの抜本的見直し、修正、矯正のために行われることが多い。

しゅせんとうしゅ【酒仙投手】人

酒豪で知られ、多少酔っぱらったままでも、二日酔いでもマウンドに上がる投手のこと。古くは西村幸生（元大阪）、武智修（元大阪など）、石戸四六（元国鉄など）、今井雄太郎（元阪急など）らが。アスリート化された現在の野球界ではほぼ見られない、古き良きプロ野球界の遺物的存在。

じゅにあとーなめんと
【ジュニアトーナメント】大

NPB（日本野球機構→p.126）主催で
2005年から毎年行われている少年野球大
会のこと。12球団ごとに小学5、6年生を
中心にチームを編成。プロ球団とほぼ同じ
ユニフォームを着て大会に臨む。

しゅほう【主砲】役

打撃陣の中心となるホームラン打者、強打
者のこと。「長距離砲」（→p.112）と呼ば
れることも。

しゅんききゃんぷ【春季キャンプ】他

秋に行われる「秋季キャンプ」（→p.87）
に対して、開幕直前の2月1日から2月下旬
（3月上旬）まで行われる集中練習の通称。

じょいなす【ジョイナス】人

2020年1月に急逝した高木守道（元中日）
の愛称。元々は同氏が監督を務めた2012
年、翌2013年のスローガン「join us ～ファ
ンと共に～」が由来で、転じて高木政権
の中日を指すようになり、さらに高木の俗
称となった。守備の名手であり、「ミスタ

ードラゴンズ」とも呼ばれた高木氏のご冥
福を祈りたい。

しょうめつきゅうだんさんぶさく
【消滅球団三部作】作

1954年から3年間だけ存在した高橋ユニ
オンズを描いた『最弱球団』（彩図社）、
1973年から6年間存続した太平洋クラブ・
ライオンズ、クラウンライター・ライオン
ズを描いた『極貧球団』（日刊スポーツ出
版社）、そして1973年の1シーズンで消滅
した日拓ホームフライヤーズこと『虹色球
団』（柏書房）の総称。いずれも作者は、
古い野球を丹念に掘り起こし、現代の人々
に生き生きと伝えることで定評のある長谷
川晶一（→p.134）。そうです、僕です。
自画自賛の宣伝です！

（左）『最弱球団 高橋ユニオンズ青春記』（彩図社）
（中央）『極貧球団 波瀾の福岡ライオンズ』（日刊ス
ポーツ出版社）（右）『虹色球団 日拓ホームフライ
ヤーズの10カ月』（柏書房）（すべて著：長谷川晶一）

しょうりきまつたろういくん
【正力松太郎遺訓】🈩

読売ジャイアンツの創業者であり、日本プロ野球の父でもある正力松太郎氏が遺した言葉で、「巨人軍憲章」とも呼ばれている。遺訓は「巨人軍は紳士たれ」「巨人軍は強くあれ」「巨人軍はアメリカ野球に追いつき、そして追い越せ」の3つ。ジャイアンツ寮の入り口には、この遺訓のレリーフが掲げられている。

正力松太郎遺訓のレリーフ。巨人軍の矜持（きょうじ）を感じる。

しょうわにじゅうねんだいやきゅうくらぶ
【昭和20年代野球倶楽部】🈵

プロ野球黎明期である昭和20年代の野球界を研究する私的会合の総称。高橋ユニオンズなどの消滅球団（→p.88）や当時の名選手について、豊富な資料を基にみんなで語り合う。毎月最終水曜日、都内某所で開催されている秘密のクラブ。

しょーとすたーたー
【ショートスターター】🈞

同一打者と2回以上対戦させずに、投手を次々と交代させる継投戦術。2018年、メジャーリーグのレイズが採用し、翌2019年には日本ハム・栗山英樹、DeNAのアレックス・ラミレス監督が採用した。基本的に救援投手がすべてのイニングを投げる継投策で、救援投手が先発し、その後は先発投手がロングリリーフする「オープナー」（→p.41）とは似て非なるもの。また、「ブルペンデー」（→p.149）とも似ているが、微妙に異なる。

じょにー・でっぷ
【ジョニー・デップ】🈟

ハリウッドを代表する世界的大スターのこととでもあり、一方では巨人の若き四番・岡本和真のことでもある。一軍初昇格をはたした2015年8月、岡本自ら「奈良県から来ましたジョニー・デップです」と堂々とあいさつしたことが由来。

しらいきゅうしん 【白井球審】🈟

日本野球機構審判部に所属する現役審判・白井一行のこと。球審を務めるとき、遠くからでは「キョエーーーッ！」と聞こえる甲高いストライクコールが特徴。プレミア12などの国際大会において球場内に響き渡る怪鳥音は日本人だけではなく、世界の野球ファンを震撼させる。

しりーずおとこ 【シリーズ男】 🅟

日本シリーズなどの短期決戦において大活躍する選手のこと。類義語は「お祭り男」で、反意語はもちろん「逆シリーズ男」（→p.53）。

じりきゆうしょう 【自力優勝】 🅟

他球団の勝敗にかかわらず優勝する可能性があることを示す言葉。また、残り試合に全勝したとしても優勝の可能性がないケースでは自力優勝は不可能であり、自力優勝可能なチームが一つだけになったケースでは、そのチームに優勝へのマジックナンバーが点灯する。

しれいとう 【司令塔】 🅟

試合の流れをコントロールし、作戦の中枢を担う重要な立場のこと。サッカーではミッドフィールダー、ラグビーではスタンドオフ、野球においては捕手を指す。

しんかするからだ
【進化するカラダ】 🅧

一度は休刊したものの、無事に2018年に復刊した月刊「プロ野球ai」（ミライカナイ）の恒例企画。プロ野球選手が鍛え上げられた強靭な肉体を惜しげもなく披露。2020年4月号ではソフトバンク・周東佑京が上半身裸で表紙を飾り、大きな話題となった。

「プロ野球ai 2020年4月号」（ミライカナイ）

しんがたころなういるす
たいさくれんらくかいぎ
【新型コロナウイルス対策連絡会議】 🅟

新型コロナウイルス感染拡大から観客や選手たちを守るべく、NPB（日本野球機構→p.126）とJリーグが共同で発足した緊急対策組織。連絡会議には専門家チームを設置し、プロスポーツの社会的役割を果たすべく、開幕時期の決定などさまざまな対策を検討している。

じんから 【じんカラ】 🅕

近年、なぜか唐揚げに力を入れている神宮球場名物。日本唐揚協会・八木さん（氏名不詳）のアドバイスを受け、一度食べたらやみつきとなる特製ニンニク醤油が特徴。6個入り600円で絶賛発売中。

神宮球場の壁面でもしっかりアピールされている。

じんこうしば【人工芝】⟨道⟩

天然芝よりも雨に強く、天気や気温に影響を受けることも少ないため、かつては多くの野球場で採用された。ところが、スライディングの際に擦過傷ややけどを負ったり、クッション性が少ないために膝や腰に負担がかかったりするなどデメリット面が強調され、一時は悪物扱いされた。近年では天然芝回帰が訴えられている。

しんこくけいえん【申告敬遠】⟨ル⟩

守備側の監督が球審に敬遠の意思を示せば、投手が投球を行うことなく打者に一塁への安全進塁権が与えられる規則。2017年にメジャーリーグで採用され、翌2018年からは日本球界でも取り入れられた。必ずしも打者の初球からだけではなく、何球か投じた後でも認められる。また、申告敬遠を選択したケースでは投手の投球数はカウントされない。

しんせだいのみすたーすわろーず
【新世代的燕子先生】⟨人⟩

2019年、台湾で行われたプレミア12オープニングラウンドにおいて、現地メディアがネーミングしたヤクルト・山田哲人の異名。ちなみに「日本怪投」、そして「低肩側投」は高橋礼（ソフトバンク）で、「驚人打撃火力」は吉田正尚（オリックス）、「野生児」は菊池涼介（広島）のこと。

しんばしあすれちっくくらぶ
【新橋アスレチック倶楽部】⟨団⟩

アメリカから帰国後、工部省鉄道局技師として新橋鉄道局に入局していた平岡凞が結成した日本最初の野球チーム。1878年に誕生し、平岡が鉄道局を退職する1888年まで存続。その後平岡は、1959年に野球殿堂入りを果たす。

しんめいじじんぐうやきゅうじょう
【新明治神宮野球場】⟨場⟩

2021年の東京オリンピックを契機として、明治神宮外苑地区の再開発が決定。神宮球場も取り壊されることが決まり、現在の秩父宮ラグビー場跡に新たに新球場を建設することとなった。新球場は2027年の完成を目指し、ホテルやレストランなどを併設予定も、オリンピック延期で流動的に。

しんるいだ【進塁打】⟨打⟩

自分はアウトになってでも、走者を次の塁へ進める意図を持った打撃のこと。たとえば、一死二塁の場面で、打者がセカンドゴロを放ち、走者を三塁に進めるような凡打のこと。自己犠牲の精神が必要。

選手のニックネームあれこれ

ファンから愛される個性的な選手には、特徴的なニックネームがある。
誰がどんな愛称で呼ばれ、その由来は何か？　一挙紹介！

「ヘソ伝」
山田伝（阪急）

日中戦争が始まった1937(昭和12)年に阪急に入団した日系二世の山田は39、43年には盗塁王に輝く俊足の持ち主だった。センターを守る山田はフライが飛んでくると、へその前に両手を置いて捕球した。その姿を見てファンは大喜び。本人は「カンガルーキャッチ」と言い張ったものの、いつしか「ヘソ伝」の異名が定着した。

「ザトペック投法」
村山実（阪神）

1952(昭和27)年のヘルシンキオリンピックで5000メートル、1万メートル、マラソンで金メダルを獲得したチェコのエミール・ザトペック。彼は顔をゆがめつつあえぎながら苦しそうに走る姿が特徴だった。同様に、肩で息をしながら苦悶の表情を浮かべて投げていたのが阪神のエース・村山。そこで名づけられたのがこのニックネーム。通算222勝147敗。阪神監督を2期通算5年務めた。

「カミソリシュート」
平松政次（大洋）

国鉄・金田正一の65勝に次いで、巨人相手に通算51勝を記録した大洋・平松の武器は右バッターの内角に切れ味鋭く食い込むシュート。人はその切れ味から「カミソリシュート」と呼んだ。特に長嶋茂雄にはめっぽう強く、対平松の長嶋の通算打率は・193と平松の圧勝だった。

「オバQ」
田代富雄（大洋）

1980(昭和55)年には、当時の球団記録となる36本塁打を放った田代。放物線のキレイなホームランが特徴だった彼は「オバQ」と呼ばれていた。「藤子不二雄の代表作『オバケのQ太郎』のQちゃんに似ているから」とか、「お化けのような打球だから」とか、入団したばかりの頃、「間の抜けた受け答えが多かったから」など、諸説ある。91年の現役最終打席で放った豪快な満塁弾は最高だった。

「ジョニー」黒木知宏（ロッテ）

闘魂を前面に押し出し、鬼気迫るピッチングで「魂のエース」とも称されたロッテのエース・黒木。彼は新王子製紙春日井時代に「山本譲二に似ているから」という理由で「ジョージ」と呼ばれていた。しかし、「顔が濃く、外国人のようだから」ということで、「ジョニー」が定着。以降、プロ入りしてからもジョニーと呼ばれ続けた。メディア上では「ジョニー黒木」名義で活躍することも。

「カピバラ三兄弟」
今村猛、大瀬良大地、一岡竜司（広島）

カピバラに似ている広島の3選手の異名。ちなみに、長男が今村、次男が大瀬良、三男が一岡。「草原の支配者」という意味を持ち、「鬼天竺ネズミ」という別名を持つカピバラ。この情報は中国電力のCMで学んだ情報。なんと、この3人はたどたどしい演技力で同社のCMに出演していたのだ。メイキング映像、本編ともにYouTubeで見ることが可能なので、ぜひチェックしてほしい。笑えるから。

「坂道の源さん」
源田壮亮（西武）

2019年のプレミア12開催時、日刊スポーツが突如、「ニッカンがニックネーム付けてみました」と題して、侍ジャパン28名のあだ名を独断で掲載。西武・源田に対しては「大工のような職人気質の鉄壁遊撃手は新婚ホヤホヤ。公私ともに充実」という強引な説明とともに「坂道の源さん」と命名。ちなみに、広島・菊池涼介は「タケオキクチ、菊地凛子、侍の誇る忍者キクチ」という理由で「世界三大キクチ」と命名。ダダ滑り感満載のニックネーム。他の26選手もすべてがこんな感じのあだ名ばかり。クセになるのでぜひ検索を！

「宇宙人」井納翔一（DeNA）

周囲のムードに流されずに唯我独尊を貫き、なおかつ不思議な言動が多いことから、「宇宙人」と名づけられているのがDeNAの井納。新人合同自主トレの際にはグラブを2つ重ねて、「はい、バナナのたたき売りだよ！」とカマして、周囲を凍りつかせたという。かつてコーチを務めたデニー友利にも、「アイツは宇宙と交信している」と言わしめた。かつては、元日本ハムの新庄剛志、現役では阪神の糸井嘉男なども、「宇宙人」と呼ばれていた。

ほかにもこんなニックネームが！

「ライオン丸」ジョン・シピン（大洋・巨人）
72年に来日したシピンは濃いひげともみあげがライオンのようで当時の人気番組から命名。

「ドカベン」香川伸行（南海）
水島新司の人気漫画の主人公・山田太郎に似ていたため、浪商高校時代からこう呼ばれていた。

「ヤッターマン」中畑清（巨人）
元気はつらつの全力プレーで子どもの人気者だった中畑のあだ名は当時の人気アニメから。

「おかわり君」中村剛也（西武）
由来は本人の好きな言葉から（笑）。連続本塁打を打つと「おかわり弾」と表現される。

「おにぎり君」横尾俊建（日本ハム）
命名したのは当時の白井一幸コーチ。理由は「おにぎりが好きそうな体型だから」（笑）。

「きんに君」中山翔太（ヤクルト）
マッスルボディーが自慢の中山のあだ名は同姓の芸人「なかやまきんに君」がその名の由来。

「ハマのプーさん」宮﨑敏郎（DeNA）
大柄な体格と愛くるしい風貌から名づけられた。ファンフェスタでは自らプーさんのコスプレで登場。

「ラオウ」杉本裕太郎（オリックス）
漫画『北斗の拳』に登場するラオウの大ファンという杉本は、意外にもパティシエを目指していたという。

すいーぷ 【スイープ】他

同一カード（→p.46）で全勝すること。英語の「sweep（掃除する、一掃する）」がその由来。

すいきんちかもく どってんかーぷ
【水金地火木ドッテンカーブ】言

2019年広島のキャッチコピー。前年の2018年は「℃℃℃（ドドドォー!!!）」で物議をかもしたが、翌年はさらに独自色を強化。球団公式サイトによれば、「太陽系で一番強いチームを目指す」と力強く宣言するも、残念ながらこの年は4位に終わった。ちなみに、2020年のキャッチフレーズは「たった今 このAKAの子 舞い立った」というもの。そう、頭から読んでも、逆から読んでも同じ、回文なのだ！ 斬新！

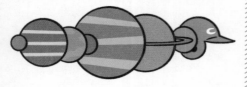

すいばくだせん 【水爆打線】打

1950年、松竹ロビンスの強力打線についた愛称で、「誘発が誘発を呼んで大爆発する」という意味が込められている。原爆投下からまだ5年、アメリカは水素爆弾の開発を続けていたという。時代を感じさせる物騒なフレーズだ。平和が一番。

すーぱーせいじくん
【スーパー誠司くん】人

WBCなどの世界大会になると、無類の勝負強さを発揮する小林誠司（巨人）を称して、2019年プレミア12開幕直前に松田宣浩（ソフトバンク）が命名。類義語は「SEKAI NO KOBAYASHI」（→p.100）。

すかうと 【スカウト】職

「探し出す、見つけ出す」の意味を持つ英語の「scout」から、野球界では優れた能力を持つ選手を見つけ出す人物全般、またはその役職を指すように。広島黄金時代を築いた木庭教は「スカウトの神様」と呼ばれた。タレントや水商売、風俗など、さまざまな世界でもスカウトが存在する。

すぎのーる 【スギノール】 人

スイッチヒッター・杉谷拳士（日本ハム）の異名。2019年5月23日、スイッチヒッターである杉谷は左右両打席でホームランを放つ。この日の杉谷は2本とも「サイレントトリートメント」（→p.80）を受けている。由来はかつて日本ハムで活躍したスイッチヒッターのフェルナンド・セギノールから。

すこあぶっく 【スコアブック】 道

試合経過を記録するための冊子。記録方法はプロが採用している慶応式、アマチュアでも一般的に広く使われている早稲田式の2種類がある。慣れるまでは単なる記号にしか見えないものの、書き方、読み方をマスターすると、こんなに便利なものはないと驚くはず。記録員、スコアラー、マネージャーにとっての必携品。

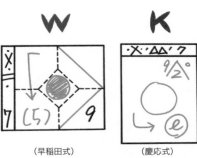

（早稲田式）　　　（慶応式）

すこっとてつたろう
【スコット鉄太朗】 人

2012年巨人・勝利の方程式の名称。スコット・マシソン、山口鉄也、西村健太朗の3人のこと。日刊スポーツ発祥で、当初はなかなか定着しなかったものの、徐々に市民権を得ていく過程をファンはやきもきしながら見守った。

すしぼーい 【すしボーイ】 人

ホームランを打った際に大好物の寿司を握るポーズをすることでおなじみのブランドン・レアード（ロッテ）の愛称。日本ハム時代にはただ寿司を握るポーズだけだったが、ロッテ移籍後は魚を釣り上げ、さばいた後に寿司を握るポーズに進化している。

すずきんぶれる【鈴木ンブレル】人

カブスの守護神であるクレイグ・キンブレルのクセのあるルーティーンを真似している、鈴木博志（中日）のこと。しかし、クローザーとしてなかなか思うような結果を残すことができず、独特過ぎるこのポーズを揶揄する声も多い。また、本家・キンブレルが救援に失敗すると、皮肉を込めて「米製鈴木博志」と呼ばれることも。

すたんでぃんぐだぶる
【スタンディングダブル】走

スライディングすることなく、余裕をもって立ったままでセカンドに到達するツーベースヒットのこと。メジャー中継でしばしば耳にするが、最近では日本の実況アナウンサーも多用している。

すたんど【スタンド】場

観客席のこと。甲子園球場の場合は特に「アルプススタンド」と呼ばれる。

すたんどぷれー【スタンドプレー】試

観客や指導者の目を意識して、あえて派手なプレーをすること。平凡なゴロをダイビングキャッチしたり、凡フライをあえてスライディングキャッチしたり、基本よりも見た目を重視するため、ファンからの喝采は浴びやすいが監督に怒られることもしばしば。類義語は「見せ練」（→p.163）。

すなっぷすろー
【スナップスロー】守投

手首を利かせて投げること。球に勢いが出て、コントロールがよくなることが多い。

すぺらんかー 【スペランカー】 ネ

伝説のゲームソフト『スペランカー』。このゲームの主人公である探検家はすぐに死亡し、「史上最弱の主人公」と呼ばれていることから、野球界では極度にケガが多い選手のことを指すようになった。略して「スペ」と呼ばれることも。

「スペランカー」とは、英語の「洞窟探検家」の意味。

すぴーどがん 【スピードガン】 道

投手の球速を計測する機器。アメリカでは「レーダーガン」と呼ばれている。日本に導入されたのは1976年だと言われており、テレビ中継で球速標示が始まったのが1979年のこと。かつては高額だったが、現在では通販サイトで1〜2万円で誰でも購入できる。

すぺれーひったー
【スプレーヒッター】 打

スプレーを噴射する状態のように、右にも左にも扇状にあらゆる方向に打ち分けることのできる打者を指す。日本語では「広角打者」と表現されることも。

すぺしゃるしーと 【スペシャルシート】 場

各球場が近年力を入れている個性豊かな観客席の総称。2020年から横浜スタジアムでは「ベイディスカバリーBOXシート」が誕生。ズムスタ（→p.98）やZOZOマリンスタジアムのようにバーベキューをしながらの観戦が可能に。野球観戦の新たな楽しみが広がっている。

すべりだい 【滑り台】 ネ

ヒーローインタビューの舞台となる「お立ち台」で、受け狙いの発言をしたものの、滑ってしまった際に使われる。多くの「今浪チルドレン」（→p.35）を誇る今浪隆博（日本ハムなど）のヒーローインタビューはしばしば「滑り芸」と称され、その舞台であるお立ち台は「滑り台」と呼ばれた。

すまいるぐりこぱーく
【スマイルグリコパーク】施

楽天生命パーク宮城（→p.173）のレフト後方に位置する球場内遊園地の総称。有料のプレイチケットがあれば、観覧車、メリーゴーラウンド、ロッククライミングなどが楽しめる。試合当日チケットがあれば入園は無料。試合がない日は大人500円、子ども300円の入園料が必要。

すみいち【スミイチ】試

1回表、もしくは1回裏に1点を挙げ、そのまま1対0で試合終了すること。基本的に両先発が好投する投手戦となることが多いため、試合後に「あの1点がなければ……」と語られることが多い。

ずむすた【ズムスタ】場

広島の本拠地であるMazda-Zoom-Zoomスタジアムの略称。2009年開場、左翼101メートル、中堅122メートル、右翼100メートル。内外野天然芝、左右非対称でファウルゾーンが極端に狭いのが特徴。バリエーション豊富なオリジナルシートがたくさんあって楽しく美しいスタジアム。

すらったー【スラッター】投

「スライダー」と「カッター（カット・ファストボール）」を合わせた造語で、ストレートの軌道でありながら、カッターの鋭い切れ味を持ち、スライダーのように曲がるまさに完璧な変化球のこと。クレイトン・カーショウ（ドジャース）、マックス・シャーザー（ナショナルズ）、ジャスティン・バーランダー（アストロズ）ら名だたるサイ・ヤング賞投手が投じており、大瀬良大地（広島）、武田翔太（ソフトバンク）など日本でも使い手が増えている。

すりーふぃーとらいん
【スリーフィートライン】場走

本塁から一塁への中間地点から一塁ベースまでファウルラインと平行に引かれている線（ライン）のこと。公認野球規則（→p.63）では「スリー・フット・ライン」と称されるが、一般的には「フット（foot）」の複数形で長さの単位でもある「フィート」で呼ばれることが多い。

すろーとがーど【スロートガード】道

打球がのどに直撃することを防ぐため、球審や捕手のマスクについている防護用具。

すわろーずまん【スワローズマン】人

2007年オフ、神宮球場に突如出現した謎のマスクマン。当時、ヤクルトの抑えを任されていた五十嵐亮太の「親友」との触れ込みで、五十嵐の練習パートナーを務めるために、五十嵐の故郷である北海道留萌市から現れた五十嵐にソックリなマスクマン（笑）。五十嵐の渡米以降、姿を消したままだが、彼がヤクルトに復帰した今、スワローズマンも復活するのか？　なお、このマスクは、大のヤクルトファンで五十嵐ファンでもある現役プロレスラー・U.M.A.氏からプレゼントされたものだという。本書カバーの「著者近影」写真にも注目だ！

覆面レスラーお墨つきのクオリティの高さを誇るスワローズマンマスク。

せいせいりょう【青星寮】施

1987年、横須賀市長浦町に完成した大洋ホエールズ（当時）の選手寮。多くの若手選手たちを鍛え上げた伝説の寮だが、老朽化のために2019年からは追浜公園内に移転。選手や首脳陣、スタッフたちの要望を採り入れ、近代的な環境に生まれ変わった。選手寮で提供されている「青星寮カレー」は横浜スタジアムでも販売され、好評を博している。

ぜいたくぜい【贅沢税】制

NBA（ナショナル・バスケットボール・アソシエーション）やNFL（ナショナル・フットボール・リーグ）では、財力のある一部球団に有望選手が集まることを防ぎ、リーグの戦力均衡化を目指すべく、各球団の年俸総額を一定とするサラリーキャップ制度を導入している。メジャーリーグでは同制度は導入されていないものの、同様の趣旨から球団による選手への総支払額が既定の額を超えた場合に課徴金として贅沢税（ラグジュアリー・タックス）を課している。日本でも同様の動きが見られるものの、いまだ実現には至っていない。

せいみつきかい【精密機械】投

絶妙なコントロールを誇る優れた投手を形容する際にしばしば用いられる比喩表現。アメリカではグレッグ・マダックス（元カブスなど）が代表例で、日本では小山正明（元阪神など）、北別府学（元広島）、小宮山悟（元ロッテなど）、吉見一起（中日）らが「精密機械」と呼ばれた。

せーふてぃーりーど
【セーフティーリード】試

走塁の場合は急な牽制球にも対応できるよう「安全に帰塁できるリード」のこと。試合展開において使う場合は「たとえ今投げている投手が打ち崩されたとしても、まぁ、今日は勝てるだろう」と考えられる得点差のことをいう。自軍投手陣と相手打撃陣との兼ね合いがあるために一概には言えないが、試合終盤で4〜5点差があればセーフティーリードと言えるのでは？

せーぶらいおんず
【SAVE LIONS】他

この20年間で半減している野生ライオンを救うべく、西武が立ち上げたプロジェクト。球団シンボルであるライオンの保護を目的として、ホームラン1本につき1万円を保護団体に寄付したり、チャリティーオークションや募金活動を行ったりしている。

せかい【セ界】×

スポーツ新聞の見出しにおいてしばしば見られる慣用表記で「セ・リーグ全体」のことを指す。「セ界の中心」「セ界記録」「セ界制覇」など、いくらでも応用可能。

せかいのこばやし
【SEKAI NO KOBAYASHI】人

国際大会での活躍が目立つ巨人・小林誠司の俗称。由来はもちろんミュージシャンの「SEKAI NO OWARI」で、類語はもちろん「スーパー誠司くん」（→p.94）。

せくしーたいむ【セクシータイム】人

2019年シーズン途中、鳴り物入りで阪神に入団したヤンハービス・ソラーテのニックネーム。「野球に集中して結果を出すためには、見た目もセクシーじゃないといけない」が、彼の持論。えっ、どういう意味？　7月26日のデビュー戦でいきなりホームランを放つ華々しいデビューを飾ったものの、その後は不振が続き、「モチベーションが上がらない」との言葉を残し9月9日に帰国。そのまま（日本に）帰らぬ人となった。何から何まで謎だらけの、とんだ一杯食わせ者助っ人だった（笑）。

ぜっこうちょうおとこ【絶好調男】人

現役時代には巨人で活躍、現役引退後はDeNAの監督も務めた中畑清のニックネー

ム。現役当時の土井正三コーチに「（長嶋茂雄）監督に調子を聞かれたら、嘘でもいいから絶好調と言え」とのアドバイスを忠実に実行。いつでも、どこでも「絶好調！」とシャウトし続けたことで定着した。中畑には「ヤッターマン」の愛称もある（→p.93参照）。

せびろぐみ 【背広組】 職

野球界の階層を示す言葉で、「背広組」とは球団本社関係者、フロント陣のことをいう。反意語はもちろん、現場首脳陣や選手たちを示す「ユニフォーム組」。

ぜろぜろかいじん

【ゼロゼロ怪人】 人

ランディ・バースの帰国により、1988年途中から阪神に入団したルパート・ジョーンズのニックネーム。日本球

界で初めて背番号《00》をつけた選手で、スキンヘッドの風貌と相まってこのように呼ばれた。

ぜんいんやきゅうないかく

【全員野球内閣】 言

2018年10月に発足した第4次安倍改造内閣のキャッチフレーズ。安倍晋三首相は「明日の時代を切り開くための全員野球内閣だ」と記者会見で語ったが、実際のところは魑魅魍魎が跳梁跋扈し、それぞれの思惑が入り混じる様相を呈している。こんなチームが実際に野球をやったら、とてつもなく弱いことだろう。

せんきゅうがん 【選球眼】 打

文字通り、「ボールを選ぶ目」のこと。つまりストライクかボールか判断する能力のことを言い、「選球眼がいい（悪い）」と表現する。

せんしゅふぁーすと
【選手ファースト】他

「選手第一主義」のこと。2020年に開催予定だった東京五輪の際に多用されたが、実際は「運営ファースト」「スポンサーファースト」であり、選手はないがしろにされたままだった。小池百合子都知事が都知事選の際に「都民優先、都民第一」を表すスローガンとして「都民ファースト」と掲げたことで、一気に多用されるようになった。

せんぷうき【扇風機】打他

元ヤクルト監督・真中満氏の代名詞。彼のInstagramの片隅にはなぜか、さまざまな扇風機が写りこんでおり、一部ファンの間で話題となっていた。その後、日本テレビ系人気番組『有吉反省会』でも、この話題が取り上げられて多くの人が知ることとなった。本人曰く「たまたま扇風機をアップしたらウケたから、続けてみた」とのこと(笑)。空振りばかりする打者のことを「扇風機」と呼ぶケースも。

そうこうしゅ【走攻守】試

走る、攻める、守るの短縮形。しばしば「三拍子」というフレーズとセットになり、オールラウンドプレーヤーを称賛する際に「走攻守、三拍子そろった選手」などと使われる。なお、東京・祐天寺にある野球居酒屋(→p.169)は「走攻酒」と表記するのでくれぐれも気をつけるように。

そろほーむらん【ソロホームラン】打

「ソロ」とは歌唱、演奏、演技などを一人で行うこと。野球では走者がいないときの本塁打を示す場合に使われる。「ソロホーマー」と呼んだり、単に「ソロ」と使われたりするケースも多い。

ぞんびねーしょん
【ゾンビネーション】パ

DeNAの不動のクローザー・山崎康晃の登場曲。原曲はKernkraft400の代表曲。この曲が鳴り響くとファンは一斉に「康晃ジャンプ」を始め、球場内は瞬時に一体化。空前の盛り上がりを見せる。壮観!

特別対談

「野球」で食べていくということ

中編

「好きなことで生きていく」を地でいく筆者・長谷川と、野球居酒屋「リリーズ神田スタジアム」高橋店長。プレイヤーでもない人間が「野球」で生きていくきっかけとなったできごととは──？

**好きなものに自然と仕事が
引き寄せられていくことはある**

長谷川（以下、長）　ここ、「リリーズ」は開店して、何年になるんですか？

高橋（以下、高）　2013年のオープンで、先日7周年を迎えて8年目に入ったところです。それまではサラリーマンとして飲食店に勤めていました。そこが閉店することになり、もしお店をやりたいなら格安で譲ってあげる、と言われて。じゃあどんなお店にしようかと考えた末に、子どものころから好きだった野球をテーマにした居酒屋がいいかな、と。

長　最初から野球関係の仕事を始めようと思っていたわけではない部分が僕と共通していますね。

高　そうだったんですか！　意外です。

長　僕は出版社で女性誌などの編集をしていて、入社10年目の2003年に興味の赴くままにノンフィクションを書きたいと思って辞めたんです。その後たまたま知人からオファーのあった「野球小僧」（白夜書房　2012年休刊）の原稿を書いたら、あれよあれよと仕事が増えて。2004年の球界再編騒動のときに、プロ野球のファンサービスをきちんと取材しようと12球団のファンクラブに入ったら、また野球の仕事が増えていって、今では全体の8割が野球の仕事ですね。

高　やっぱり野球が好きだったから、自分の仕事が野球に引き寄せられたという感覚がありますよね。

**自分が楽しいと思っていることを
こだわって続けていると、誰かに届く**

長　趣味を仕事にすると大変という話もあるけど、そこはどうですか？

高　仕事にして嫌になるなら、もともと大して好きじゃなかったんじゃないの？と僕は思います。好きなことでメシが食えるってありがたいことですよ！　飲食店として誰もが感じるような大変さはありますが、好きなことをやっているからふんばりがきくし。こだわっていれば志が同じ人に届く、と思ったら全然つらくないんですよ。

長　届いている実感はありますか？

高　ありますね。たとえば長谷川さんに初めて来店していただいたのはお店が2年目のときで、まだ店内がガラガラだったんです。でも、「僕も12球団ファンクラブに入っているんですよ」と話して、そのときに面白そうな匂いを感じていただけたから、こうしてお付き合いが続いているんだと思うんです。同じように、お客さんにもこだわりを感じていただけているんじゃないかと思いますね。

長　僕も、傲慢かもしれないけど、自分が楽しいと思うものはほかにも楽しいと

思ってくれる人がいるだろうという気持ちで書いているんです。ベストセラーにはならなかったとしても、一定層受け入れてくれる人がいるだろうと。

高　至言ですね。そういう人がいないと、この店はつぶれてしまいますから。形は違いますが長谷川さんは文章で、僕はこの店で好きなものを表現しているんですよね。

長　好きなものに軽く触れるんじゃなくて、好きすぎるがゆえに過剰に食い込もうという高橋さんの勢いには、自分と同じ匂いを感じます（笑）。

高　お互い、そういうところはありますよね。長谷川さんは、いわゆる生みの苦しみはないですか？

長　取材に時間がかかって、それをまとめあげることが大変といえば大変ではあるけど、つらさはないですね。僕の場合はなかなか対面することはないんですが、読者からの反響がモチベーションになっています。SNSやアマゾンのレビューなどで読者からの感想を見ることができますし、ウェブの連載にはダイレクトに感想が来ます。必ずしも好意的な感想ばかりではないですが、それも含めて反応してもらえることが大きくモチベーションに影響しますね。

12球団ファンクラブに入会し続けた10年間が綴られている。『プロ野球12球団ファンクラブ全部に10年間入会してみた！〜涙と笑いの球界興亡クロニクル〜』（長谷川晶一 集英社）

揺るぎないコンセプトとポリシーが信用につながる

長　この「リリーズ」が12球団のなかで特定の球団に偏っていないのはお店のコンセプトで、サッカーやラグビーが盛り上がっていてもそれを店内のテレビに映さないのはポリシーですよね。

高　そうなんです。プロ野球だけ。たぶんここでラグビーの試合を流し始めたら、お客さんにがっかりされると思うんです。だから、どんなにサッカーやラグビーのワールドカップで世間が盛り上がっていようとも、たとえその日がプロ野球の試合がない日であったとしても流しません。高校野球やメジャーリーグも知らないわけじゃないけど、自分より専門性が高い人がいっぱいいますから、そこに入っていこうとは思わないですね。

長　僕も、たとえば高校野球の原稿を頼まれても書くことは少ないですね。他のスポーツでも、インタビューをして原稿を書くことはできるんですけど、プロ野球ほど愛情を込めて書けないなって。だから読者に対しても専門でやっている人たちに対しても失礼になると思っています。それと同じものを高橋さんに感じます。

高　マニアの目は厳しいですね。ただ野球ファンは、ガチな人だけでなく、ライト層や中間層も多いはずなので、そういった人が入りやすい店にしたいとは思っています。

長　僕も本を通して野球のハードルを下げようとしているんですよ。知識がなくても、選手のルックスやバカ話から入ってもいいと思っているから。

→p.121へつづく！

応援ライフを大充実させる
球団公式アプリ リアルレポート

「アプリがあれば野球はますます楽しい」と言っていいぐらい、
各球団が公式アプリに力を入れている。一体どんなサービスなのか？

⚾ 無料アプリで誰でも楽しめる

各球団とも課金なしで無料で楽しめる。基本コンテンツは「選手名鑑」「試合日程」「チケット購入」「グッズ販売」などだが、かなり有用なのが「ファーム情報」。日頃、メディアで取り上げられることの少ない二軍選手の最新情報が詳細にレポートされているのが嬉しい。「ニュース」では、イベント情報や出場登録選手の最新情報が。

ロッテ「Mアプリ」のトップ画面。注目は画面右下の「シェイク」。球場でスマホをシェイクすることで、イベントに参加できる。

⚾ FCとの連携でさらに楽しく

ファンクラブ会員ならばさらにお得なサービスもいっぱい。2020年からはオリックスが本格的にFCとの連携をスタート。ソフトバンクの「ためタカ！」は球場到着時に「チェックイン機能」を使うとFCの来場ポイントが付与される。また、ヤクルト、ロッテなど各球団がFC会員証を兼ねているので自宅に忘れてもノー問題だ。

5 pt
着地成功‼
Congrats!

ソフトバンク「ためタカ！」ではふうさんが登場するゲームでタカポイントを貯めることが可能。テレビ観戦でもポイントが貯まる。

⚾ 有料コンテンツは㊙情報満載

無料アプリでも十分楽しめるけど、月額300〜500円程度の課金でさらに野球ライフは充実したものに。オリックスの「プレミアムボックス」（月額330円）に入会すると「BsGirls一問一答」動画を限定公開。広島は月額450円（年額プラン4900円）でラジオ、テレビ中継、動画付き選手名鑑などさまざまなコンテンツが楽しめる。

広島「カーチカチ！」の有料会員用「ヒーローインタビュー」動画のトップ画面。他にも「キャンプ動画」などオリジナル動画多数。

オリックスのデジタルトレーディングカードアプリ「B9 STARS」。コインを集めて選手カードをスカウト。ホルダーに保存して楽しめる。

⚾ デジタルトレカを集める！

巨人、ヤクルト、DeNA、オリックス、ロッテなどなど、各球団がデジタルトレーディングカードサービスを導入。実際の試合結果と連動してポイントが貯まったり、ファン同士で交換したり、課金してレアカードを購入したり、さまざまな楽しみ方が可能。わかっちゃいるけど激レアカード欲しさについつい課金してしまう（笑）。

だいおう【大王】Ⓐ

台湾球界の英雄であり、現日本ハム・王柏融(わんぽーろん)のニックネーム。ラミゴ・モンキーズ時代の2016年にはシーズン・414というとんでもない成績を残し、翌2017年も三冠王を記録。メジャーリーグとの争奪戦の末、2019年に日本ハム入団。来日初年度は結果が残せなかったが、このままでは終わらない。

たいじゅせいめい【大樹生命】他

旧三井生命保険のことで、2019年4月1日から社名変更。非関係者にとっては突然の出来事であったが、プロ野球月間MVPの冠スポンサーとなり、「大樹生命月間MVP」と頻繁に耳にすることとなったため、野球ファンはすぐに新社名に慣れることになった。

だいだぎゃくてんさよならまんるいほーむらん

【代打逆転サヨナラ満塁ホームラン】打史

野球におけるもっとも劇的な勝ち方のこと。最終回の裏の攻撃で、自軍が3点以内で負けていて満塁となった場面で、代打を任された打者がサヨナラホームランを放っての劇的勝利。中でも2001年9月26日に北川博敏の放った一発は近鉄の優勝を決める一打となったことで、「代打逆転サヨナラ満塁優勝決定ホームラン」として、今もなお語り継がれている。

だいとかい【大都会】八

1979年にリリースされたクリスタルキングの代表曲。2020年から指揮を執ることになったヤクルト・高津臣吾監督は現役時代にこの歌をテレビで熱唱。アフロヘアのかつらをかぶってクリスタルキングになり切って絶唱する姿は「伝説の珍プレー」として、今でもしばしばオンエアされている。

だいなまいとしんご
【ダイナマイト慎吾】Ⓐ

球界（→p.54）を代表する人気者、石川慎吾（巨人）のニックネーム。日本ハム時代から名づけられていたが、現巨人・宮本和知投手コーチによれば「実は繊細な性格で、《デリケート慎吾》だと本人は言っていた」とのこと。

だいなまいとだせん
【ダイナマイト打線】打

破壊力抜群の強力打線のこと。始まりは1946年、藤村富美男、別当薫、土井垣武

のクリーンナップを誇る阪神打線を指していたが、その後、ランディ・バース、掛布雅之、岡田彰布らの猛打で日本一に輝いた1985年の打線に対してもこの呼称が使われるようになった。

たいぶれーく【タイブレーク】 制

プレミア12、WBCなどの国際大会において採用されている勝敗決着のための特別ルール。試合時間の短縮とショーアップを目的とし、プレミア12では延長10回終了後も同点の場合に適用され、無死、走者一二塁から攻撃をスタートする。WBCは延長13回からの適用で、監督が希望する打順からの攻撃開始となる。点が入りやすい状況からの試合続行なので、決着がつきやすくなり、スリリングな展開が楽しめる一方、「これが本当に野球なのか？」という反対の声も一方では根強い。

たかされ 作

漢（おとこ）を描かせたら右に出る者がいない巨匠・本宮ひろ志先生の手による野球漫画。江川卓（元巨人）が原作を担当。しかし、江川の原作はフィクションというまさかの展開となり、ノンフィクション版である『実録たかされ』（文藝春秋）も存在する。ちなみに、「たかされ」とは、江川の自伝『たかが江川されど江川』（新潮社）に由来するもの。

『実録たかされ 1』（著：本宮ひろ志、江川卓 文藝春秋）

たかつくりにっく【高津クリニック】 人

2020年シーズンから指揮を執るヤクルト・高津臣吾監督の指導、育成手腕を称して、ファンが敬意を込めて命名。故障者や伸び悩む若手選手に対して、技術面、心理面から絶妙なアドバイスを送ることが、その由来。決して川崎市高津区にある病院のことではない。

たかのさんこく【鷹の三国】 作

辞書の老舗・三省堂が発行している『三省堂国語辞典』の略称である「三国」のソフトバンク版のこと。【連覇】の用例として「強いぞ、ホークス三連覇」などの例文が並んでいる。ちなみに、「三国」「サンコク」は三省堂の登録商標。

『三省堂国語辞典 第七版 福岡ソフトバンクホークス仕様』（編：見坊豪紀、市川孝、飛田良文、山崎誠、飯間浩明、塩田雄大 三省堂）

たこ【タコ】打

野球界の隠語として無安打に終わることを「タコ」と言う。3打数無安打ならば「3タコ」、4打数無安打ならば「4タコ」と使われる。語源は諸説あるが、タコは空腹になると自分の足を食べることから「自滅的行為の象徴として」という説や、「無安打を示す《0》が並んでいる様子がタコ焼きのように見えるから」という説などがある。

だしゃいちじゅん【打者一巡】打

一番から九番までの打順が一巡りした状態のこと。用例としては「打者一巡の猛攻」や「打者一巡しましたが、いまだにノーヒット」などのように使われる。

たすける【助ける】打

相手がくれたチャンスをみすみす逃した際にしばしば使われ、決して老人に優しくするような褒められるような善意の行為ではない。たとえば、なかなかストライクが入らずボール先行の投手相手に、完全なボール球を打って凡打に倒れたときには「ピッチャーを助けてしまいましたね」などと、嘆息混じりに解説者が口にする。

だせん【打線】打

攻撃陣の並びのこと。一番打者から九番打者まで、それぞれの役割や選手たちの特性を考慮に入れつつ、監督が頭を悩ませる。また、相手投手との兼ね合いや選手の好不調、球場の広さなども重要な要素であり、打線は無限の可能性を持つことになる。

だぞーん【DAZN】メ

野球やサッカー、ラグビー、テニスや格闘技など、130種類以上のスポーツを年間1万試合以上も、パソコンやスマホなど好きなデバイスで視聴できるスポーツ専門の配信サービス。日本では月額1750円（NTTドコモユーザーは980円）となっている。

たてぺでぃあ【タテペディア】人

現役時代に何度も手術を経験し、そのたびに最新のトレーニング理論や人体の構造を学び続けた館山昌平（楽天投手コーチ）の異名。そのあまりの博識ぶりに、かつて在籍していたヤクルトでは「何でも知っている博士のような男」という意味でこう呼ばれていた。

たなかひろやすすたじあむ【田中浩康スタジアム】場

千葉県柏市の大津ケ丘中央公園野球場。ネーミングライツでスポンサーとなった田中浩康（元DeNAなど）の名を冠したスタジアムだったが、2015年から2020年3月までの年間15万円の5年契約で契約満了。

主に少年野球とソフトボールが行われている。幼いころの田中浩康が親しんだ球場でもある。

たなきくまる【タナキクマル】㊃

2016年からの広島3連覇の立役者となった「一番・田中広輔、二番・菊池涼介、三番・丸佳浩」の名字の一部を並べた呼び方。セ・リーグ各球団にとっては脅威の存在だったが、2019年に丸が巨人に移籍したことで、このトリオは発展的解消を遂げた。

たにほさん【谷保さん】㊃

ロッテの名物ウグイス嬢（→p.37）、谷保恵美さん。1990年にロッテオリオンズ（当時）に経理として入社後、翌1991年からアナウンス業務に携わり、2019年7月30日には公式戦通算1800試合アナウンス担当を記録。「サブロ────────!!」のアナウンスはロッテファンでなくても、野球ファンにとっては脳内再生エンドレス。

たぴおかくん【タピオカくん】㊃

2019年夏の甲子園で八戸学院光星高校の武岡龍世が活躍するたびに、ネット上では「実況ではタピオカくんに聞こえる」と話題に。この年のドラフトでヤクルトから6位指名された武岡は入団会見において、「タピオカくんと呼んでほしい」と自ら発言。一気に定着することになった。本家タピオカのように、一過性のブームで終わらぬよう応援したい。

だぶりゅーびーえすしー
【WBSC】㊔

世界野球ソフトボール連盟の略称。140の国と地域が加盟している野球・ソフトボールの国際組織で、ワールドカップやプレミア12など、各種大会を主催している。2019年のプレミア12優勝や、侍ジャパン女子代表（マドンナジャパン）の活躍もあって、日本は国際ランキング第1位（2020年1月現在）。

だぶるへっだー【ダブルヘッダー】㊙

一日に2試合行うこと。雨天中止が多く、ドーム球場のなかった昭和時代には頻繁に行われていたが、平成時代になってほぼ消滅傾向に。相手方チームが入れ替わるケースでは「変則ダブルヘッダー」と呼ばれる。今もなお「10.19」として語り継がれている1988年10月19日のロッテ対近鉄戦はダブルヘッダーで行われていた。

たまかずせいげん【球数制限】㋕

4年に一度開催されるプレミア12では投手が何球投げようとも自由だが、同じく4年に一度行われるWBCでは投手の体調管理を考慮して、細かい球数制限が定められている。2017年の前回大会では1次リーグ65球、2次リーグ80球、準決勝以降は95球までで、登板間隔も詳細な決まりがある。また、高校生投手の障害予防の見地から、高野連は「1人の投手が1週間に投球できる総数は500球以内」とする方針を打ち出し、2020年から適用されることとなった。

たまがわぶるーす
【多摩川ブルース】㋑

元巨人・柴田勲が作詞したという哀愁漂うブルース。練馬鑑別所に伝わる「練り鑑ブルース」の替え歌で、その冒頭は「人里離れた多摩川に 野球の地獄があろうとは夢にも知らないシャバの人 知らなきゃオイラが教えましょう」で始まる。かつて多摩川に巨人の練習場があった頃の、若手選手の心情を素直に表現した心の叫びが胸を打つ。2019年、柴田はCDを自費出版した。

たまのこころはしょうじきもの
【球の心は正直者】㋑

『週刊ベースボール』誌上で連載されている新井貴浩（元広島など）の連載タイトル名。駒澤大学の恩師・太田誠監督が口にしていたもので、新井にとって「とても大切な言葉」なのだという。この連載は毎回、「今週の感謝人」と題して、彼がお世話になった人にひたすら感謝の念を述べるという、いかにも新井らしい実にハートウォーミングな連載読み物なのだ。

ためたか!【ためタカ!】㋚

ソフトバンクのポイントサービス「タカポイント」専用アプリ。最新情報はもちろん、公式ショップや球場へのチェックイン時やテレビ視聴時のキーワード入力、オリジナルゲームで遊ぶことで、どんどんポイントが貯まって、豪華特典と交換可能に。他球団と比較しても、この貯まりやすさはすばらしい。詳しくは、p.105を参照のこと。無料で楽しめるのも嬉しい。

だるびっしゅはし【ダルビッシュ箸】㋛

YouTuber（→p.171）でもあるダルビッシュ有（カブス）が自身の箸の持ち方を投稿したところ、「握り方が汚い」などと非難が殺到。この騒動を受けてダルビッシュは一時的に自身のアカウント名を「ダルビッシュ箸」に変更する。「有」と「箸」、騒動を逆手に取って笑いに変えた見事な機転だった。

ちあどら【チアドラ】㊅

中日のオフィシャルパフォーマンスチーム「チアドラゴンズ」の略称。ナゴヤドーム元年となる1997年に誕生し、試合開始前、3回、5回、7回裏終了後、そして試合終了後に、華やかなダンスパフォーマンスを繰り広げている。ドアラとの絡みも必見。

ちいきみっちゃく【地域密着】㊦

スポーツビジネス成功のカギは、地元の人にどれだけ愛されるか、地元ファンをどれだけ獲得できるかにかかっている。かつて、ほとんどの球場で閑古鳥が鳴いていたパ・リーグ各球団は、徹底的な地域密着策を講じることで今日の発展、繁栄を築いた。北海道と日本ハム、東北と楽天、福岡とソフトバンクなど、各チームが独自の地方色を出すことで、地元の人にとっての「おらがチーム」となっていったのだ。

ちいさなだいまじん【小さな大魔神】㊟

プロ入り以来、圧倒的な安定感でコンスタントに好成績を残す山﨑康晃（DeNA）のこと。球団OBである、「ハマの大魔神」こと佐々木主浩にちなんで命名された。スプリット気味に鋭く落ちるツーシームを武器に侍ジャパンでも大活躍。亜細亜大学出身の彼も、もちろん「亜細亜ボール」（→p.29）の使い手である。

ちしょう【知将】㊟

自分に与えられた戦力を十二分に生かしながら、巧みに相手の弱点を突き、見事に結果を残す監督のこと。西鉄監督時代の三原脩、ヤクルト監督時代の野村克也などが、こう呼ばれた。類義語は「頭脳派」。

ちばあきお㊟

『キャプテン』や『プレイボール』など、数々の名作野球漫画を残し、死後もなお愛され続ける漫画家。魔球やスーパースターが登場することはなく、等身大の野球少年の姿を描いた。あのイチロー（元オリックスなど）も愛読者の一人。若くして亡くなったのが悔やまれる。現在は、コージィ城倉の手によって『プレイボール2』（集英社）が隔月刊「グランドジャンプ」誌上で連載されている。

©コージィ城倉・ちばあきお／集英社

ちゃりこえんどう【チャリコ遠藤】Ⓟ

スポーツニッポンの阪神担当記者で、文春野球（→p.151）の阪神監督も務める。丁寧な取材には定評があり、ファンも多い。

ちゃんすだんべる

【チャンスダンベル】Ⓖ

小柄な体躯ながら、豪快なスイングでドでかい一発を放つ吉田正尚（オリックス）。力自慢の彼がプロデュースしたダンベル型の応援グッズが「チャンスダンベル」だ。空気を入れて膨らませると背番号《34》が刻まれたダンベルに早変わり。球場ビジョンの映像に合わせてみんなで一丸となって応援する。

吉田正尚プロデュースのオリジナル応援グッズ「Bs正尚チャンスダンベル」。

ちゅうきょりひったー

【中距離ヒッター】Ⓑ

コツコツとヒットを稼ぐ短距離ヒッター、ドカンと豪快なホームランが魅力の長距離ヒッター（→p.112）と比べると定義はあいまいながら、「ある程度の長打は打てるけれども、ホームランメインではないバッター」と定義すればいいだろうか？　日本では長距離砲と呼ばれた松井秀喜（元巨人など）もアメリカでは中距離ヒッターと呼ばれていた。

ちゅうまんかなえ【中馬庚】Ⓟ

ちゅうまかのえとも。日本の教育者であり、自らも東京帝国大学で選手だった彼は、アメリカから伝来した「Baseball」を「野球」と翻訳した。1897年には日本最初の専門書である『野球』を刊行。1970年に野球殿堂入りを果たした。

ちょうきょりひったー

【長距離ヒッター】Ⓑ

「中距離ヒッター」（→p.112）の項でも述べたように、豪快な一発が魅力の大砲のこと。三番、四番、五番のクリーンナップや外国人打者がこう呼ばれることが多い。

ちんこんのひ【鎮魂の碑】Ⓢ

東京ドームの敷地内にひっそりとたたずむ石碑。ここには、太平洋戦争などで戦死したプロ野球選手たちの名前が刻まれている。若くして亡くなった先人たちに思いを馳せながら、野球のある生活に感謝したい。

東京ドームの東側に建設された「鎮魂の碑」。石碑に刻まれた遺族代表・石丸藤吉（名古屋軍など）の「追憶」は名文。

つ

ついすとだほう【ツイスト打法】打

ボールをとらえる瞬間に腰を投手方向ではなく、捕手方向に逆回転させる意識を持つことで、体の開きを抑える打法。上半身と下半身が連動せずに逆の方向にひねられるため、高度な技術を要する。元巨人の阿部慎之助が採り入れていた。また、2019年には丸佳浩（巨人）がライトスタンドに豪快な一発を放ったにもかかわらず、打った直後に打球の方向ではなく、三塁ベンチの方向を見た場面がクローズアップされたことで話題になった。

つーすりー【ツースリー】制

かつて、カウントの数え方は「ストライク・ボール」の順だった。したがって、「ツースリー」と言えば「ツーストライク・スリーボール」のことを指していた。しかし、2010年から日本ではそれまでの「S（ストライク）・B（ボール）・O（アウト）」表記を改め、アメリカと同様に「BSO」の順に表記することを決めた。したがって現在では「ツースリー」ではなく、「スリーツー」と呼ばれるように。

つとむぅ ネ

西武黄金時代の司令塔（→p.90）として活躍した伊東勤を指すネット上の隠語。伊東勤が好きすぎる熱狂的なファンが「つとむぅ」とつぶやき続けたところ、少しずつ定着した。

つなぐよばん【つつなぐ四番】役

「走者をためた後に、長打で一気に得点する」という従来の四番打者像とは異なり、「単純に四番目の打者」という位置づけで「五番打者につなぐ」役割を担う四番打者のこと。かつてロッテなどで活躍したサブローがその代表例で、現在では楽天・島内宏明もそう呼ばれたことがある。

つばめでか【つばめ刑事】作

ヤクルトが球団経営に乗り出して50周年となる2019年、球界（→p.54）の人気者・つば九郎がついにドラマ主演デビューを果たした。神宮球場を舞台に、つば九郎が数々の難事件（?）を見事に解決する。「秦」「土橋」「八重樫」など、同僚刑事のネーミングにも注目。山田哲人の迷演技は見る者に強烈なインパクトを残した。

でぃーじぇーちゃす。

【DJチャス。】Ⓟ

日本ハムファームの本拠地・鎌ヶ谷スタジアムの名物キャラ。球団職員でもある中原信広氏は紫色のスーツをまとって球場中に出没。「生身のゆるキャラ」として、観客に爆笑と癒しを振りまいている。

てぃーばってぃんぐ

【ティーバッティング】Ⓑ

「ティー」と呼ばれるボールを載せる器具を使ってバッティング練習をすること。また、ティーを使わずに斜め前方から軽く投げられたボールを打つ練習法を指すこともある。ネットやフェンスに向かって打つだけではなく、強く大きくスイングするクセをつけるために、外野に向かって打つ「ロングティー」（→p.178）もある。

ていいち【定位置】Ⓢ

守備の際に基本となる位置のこと。もちろん、相手打者の打球傾向や、その日の風向きなどで定位置よりも前進したり、後ろに守ったり、臨機応変に対応することが大切。

でぃみゅろしんぱん

【ディミュロ審判】Ⓟ

審判の技術向上のために1997年、当時のセ・リーグ川島廣守会長はメジャーリーグに依頼し、若手審判であるマイク・ディミュロを日本に招聘。しかし、日本の審判団との意思疎通など、さまざまな問題が続出。極めつけは6月5日の中日対横浜戦において、当時中日の大豊泰昭がディミュロの判定に激高。星野仙一監督らがディミュロを取り囲んで猛抗議。その後、「これまで経験したことのない恐怖を覚えた」と言い残して、ディミュロは辞表を提出。早々に帰国する事態となった。

でぃれーどすちーる

【ディレードスチール】Ⓡ

一般的な投球間に行われる盗塁ではなく、牽制球や返球の際のスキを突いて行われる盗塁のこと。捕手が投手に返球する際に盗塁するケースなどがこれに当たる。

おおよその定位置。長打力があるバッターに対しては少し後ろに下がったり、左バッターの場合は少しライト側に寄ったり、とバッターやランナーの有無、アウトカウントなどによって、守備側はポジショニングを調整している。

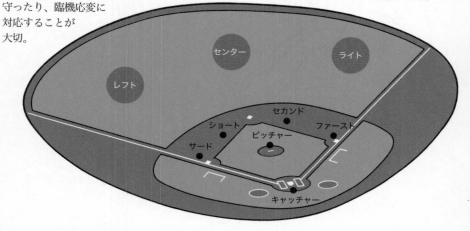

ていくわんべーす
【テイクワンベース】ル

「安全進塁権」のことで、アウトになることなく進塁が認められる権利のこと。審判の宣告により攻撃チームに与えられる。野手が打者に対して打撃妨害をしたり、投手がボークを犯したり、牽制球がベンチ（→p.155）やスタンド（→p.96）に入った場合など、さまざまなケースがある。

ていはんぱつきゅう【低反発球】道

反発係数が高く、ホームランが出やすいボールは「飛ぶボール」と呼ばれるが、この問題を是正すべく開発されたのが「低反発球」。それまでは各球団によってメーカーの異なるボールを使用していたが、2011年からは低反発ゴム材を使用したミズノ社製のボールに統一された。しばらくの間、ホームラン数は減少したものの、2013年には再び上昇傾向を見せ、抜き打ち検査をしたところ高反発素材が使用されていることが発覚。球界に混乱をきたしたとの理由で当時の加藤良三コミッショナーは辞任に追い込まれる事態に。

てきさすひっと【テキサスヒット】打

内野手と外野手の間にフラフラと上がったゆるいフライが野手の間に落ちてヒットになること。「ポテンヒット」とも呼ばれる。メジャーリーグ傘下のマイナーリーグであるテキサスリーグの選手がしばしばこうしたヒットを放つために名づけられたという説がある。

てきじだ【適時打】打

塁上の走者をホームに返し、得点が認められたヒットのこと。「タイムリーヒット」とも呼ばれるが、これは完全な和製英語でアメリカ人に言っても通じない。正式には「Clutch hit（クラッチヒット）」という。

てつじん【鉄人】人

ケガなくずっと試合に出続け、きちんと成績を残す選手のこと。……いや、ケガをしても出場を続ける強靭な肉体と意思を持つ英雄のこと。衣笠祥雄（元広島）、金本知憲（元阪神など）ら、連続試合出場記録を誇る一部の選手のみに与えられる称号。

でどころ【出所】投

刑務所からシャバに出る「しゅっしょ」ではなく、野球界においては「でどころ」と読む。投手の投球動作の際のリリースの瞬間のことを指すことが多い。打者にとって、「出所が見やすい」のは打ちやすい投手で、反対に「出所が見づらい」投手は打ちにくい。和田毅（ソフトバンク）、成瀬善久（栃木ゴールデンブレーブス）がその筆頭で、投球の際に打者からはなかなかボールが見えないという。

てらこやふぁいたーず

【寺子屋ファイターズ】サ

コロナウイルス騒動により休校を余儀なくされた子どもたちに向かって日本ハムが行ったファンサービスの一つで、栗山英樹監督がYouTube上で行った公開授業のこと。栗山は子どもたちに「論語」を解説。ホワイトボードを使って、前後編でおよそ30分以上も語り続けた。無人の監督室で身振り手振りを交えながらの熱血授業は感動的。

でるた【DELTA】団

統計的な見地から野球の構造、戦略を探求するセイバーメトリクスを専門に分析活動に取り組む団体。公式ホームページには「将来、

『デルタ・ベースボール・リポート 3』（著：岡田友輔・道作・蛭川皓平・佐藤文彦・水島仁・市川博久・竹下弘道・八代久通・大南淳　水曜社）

野球界のシンクタンクとなれることを目指しています」と高らかに宣言。日本でのセイバーメトリクス普及を目指す。主な著書に『セイバーメトリクス入門　脱常識で野球を科学する』(蛭川皓平／水曜社) がある。

でんせつのそうるい

【伝説の走塁】史

西武と巨人が激突した2019年の交流戦において、西武の一塁走者・源田壮亮は、巨人のセンター・丸佳浩が打球処理にとまどっている間に一塁から一気に本塁に生還し、「伝説の走塁」と呼ばれた。それを見守っていたのが西武・辻発彦監督。辻は1987年の西武 vs 巨人の日本シリーズにおいて、巨人の中堅手・クロマティの緩慢な打球処理の間に一気に一塁から本塁へ。「元祖伝説の走塁」として今も語り継がれている。

てんばいやー【転売ヤー】ネ

観戦チケット、あるいは選手のサイン、実使用アイテムといったレアアイテムをインターネットオークションやフリマアプリで転売して儲けを得ようというあさましい人物たちを揶揄する蔑称。転売目的でアイテムをゲットする輩がいるため、本当に欲しい人の手に渡らない理不尽な現実。最近では各球団が厳格な転売チケット対策を講じており、状況は改善しつつある。

てんらんほーむらん

【天覧ホームラン】史

天皇が観戦する「天覧試合」におけるホームランのこと。もっとも有名なのは1959年6月25日、巨人・長嶋茂雄が大阪・村山実から放ったサヨナラホームラン。この一発で、長嶋は国民的英雄に。村山は終生、「あれはファウルだった」と言い続けていたという。

どあらいばー【ドアライバー】グ

2019年中日ファンクラブの特典。ドアラをモチーフにしたドライバーセットで、人気マスコットの「ドアラ」、中日のかつての名二遊間「アライバ（荒木雅博、井端弘和）」、そして「ドライバー」を掛けた見事なネーミングセンスに脱帽。

見た目はかわいらしいフィギュアだが、中にはしっかりしたドライバーが収納されている。

どうあげ【胴上げ】他

優勝が決まった瞬間、あるいは大ベテラン選手の引退試合において、グラウンド上で胴上げが行われる。2001年、日本一に輝いたヤクルトの若松勉監督はあまりにも小柄だったため、選手たちの手によって空中で一回転させられるという離れ業を見せた。

とうしょう【闘将】人

故星野仙一（元中日）の異名。監督として常に闘う姿勢を見せ続け、ときには鉄拳制裁も辞さぬ熱血漢だった。その姿にファンは熱狂する一方、「暴力容認」とも受け取れる氏のスタイルには批判も多かった。時代は変わり、暴力、体罰が許されない現代では、星野タイプの闘将は影をひそめることだろう。

とうばん【登板】投

投手がマウンドに上がること。反意語はマウンドから降りることを指す「降板」（→p.63）。

とうもあな【トゥモアナ】言

DeNA・ラミレス監督がしばしば口にする「トゥモロー・イズ・アナザー・デー（明日は違う日、明日は明日の風が吹く）」の短縮形。手痛い敗戦を喫した際に、ファンの間で「トゥモアナ精神だ」などと使われる。

とうるいおう 【盗塁王】 夕

NPB（日本野球機構→p.126）における公式タイトルの一つで、正式には「最多盗塁」と呼ばれる。年間を通じてもっとも盗塁数が多かった選手に対して、各リーグで選出される。セ・リーグにおいては2019年シーズン終了時点で、いまだに外国人選手の盗塁王は現れていない。

とーきょーしりーず
【TOKYOシリーズ】 イ

東京を本拠地とするヤクルトと巨人の間で繰り広げられる恒例シリーズ。それぞれの本拠地である神宮球場と東京ドームで行われる。この期間だけは、ビジターチームだけでなく主催チームのユニフォームの胸ロゴも「Tokyo」と染め抜かれている。

2019年に神宮球場で配布された冊子。スポーツ新聞の一面がデザインされている。

とくさんてれび 【トクサンTV】 メ

野球系YouTuber（→p.171）、「トクサン」こと、徳田正則氏が主宰する人気YouTube。Twitter上のプロフィールによれば「帝京高校で甲子園出場→創価大学で全国4強（主将）でドラフト候補」とのこと。圧倒的な登録者数と影響力を誇る人気番組。

『トクサンTVが教える超守備講座』（トクサン／KADOKAWA）

どすこい 入 バ

2020年からメジャーリーガーとなった山口俊（ブルージェイズ）のこと。山口の父は元力士の谷嵐であることがその由来。また、山川穂高（西武）がホームランを打った際に観客席のファンに向かって見せるパフォーマンスのこと。

どーむじょうがいほーむらん
【ドーム場外ホームラン】 打

「屋根付きドーム球場で場外ホームラン」——従来ならば、「決してあり得ないこと」のたとえとして用いられていたが、スタンドと屋根の間に壁面のないメットライフドームではごくまれに「ドーム場外ホームラン」が見られる。記憶に新しいところでは2019年9月14日、西武・山川穂高がロッテ・西野勇士から場外に一発を放っている。

とだきゅうじょう 【戸田球場】 (場)

ヤクルトファームの本拠地。2019年の台風19号により、近くを流れる荒川が氾濫し、水没したことは記憶に新しい。

どっくおぶべいすたーず よこすか
【DOCK OF BAYSTARS YOKOSUKA】 (施)

2019年に誕生した横浜の新ファーム施設。従来の横須賀スタジアムに加えて、選手寮・青星寮(→p.99)や屋外練習場、屋内練習場が新たに建設された。

とやましみんきゅうじょう あるぺんすたじあむ
【富山市民球場アルペンスタジアム】 (場)

正式名称は「富山市民球場」。1992年に開場し、両翼99.1メートル、中堅122メートル。晴れた日には内野スタンドから雄大な立山連峰を望むことができる。巨人の北陸シリーズの開催地として有名。

富山湾にほど近く、まわりには田園地帯が広がるのどかな球場。

どらいちよんきょうだい
【ドライチ4兄弟】 (人)

2005年から2008年にかけてヤクルトにドラフト1位指名を受けた4人の高校卒投手の総称。長男・村中恭兵、次男・増渕竜義、三男・由規(楽天)、四男・赤川克紀のこと。2020年時点で、すでに4選手ともヤクルトから離れてしまっている。

とらこ 【TORACO】 (人)

女性阪神ファンに対する愛称。近年では各球団とも女性ファン獲得のために躍起になっており、パステルカラーを基調にしたユニフォームや、ミラーやポーチ、カチューシャなど各種女性用アイテムが販売されている。

2018年の「TORACO DAY」に配布されたパステル基調の「TORACO BIG Tシャツ」。かなりのBIGサイズだ。

とらっくまん 【トラックマン】 (道)

デンマークのトラックマン社が開発した弾道測定機器の名称。軍事用のレーダー式弾丸追尾システムを応用したもので、専用のレーダーによってボールをトラッキング(追尾)することが可能に。ゴルフでは早くから取り入れられており、近年では野球界にも普及しつつある。これにより、投球データではリリースポイントの位置、ボールの回転数などが、打撃データでは打球速度、角度、飛距離などが瞬時に測定できる。近年ではトラックマンを活用して自軍選手や相手選手の調子を見極めたり、攻略データを作成したりしている。

どりまとーん 【ドリマトーン】他

いわゆる電子オルガンのことで、昭和時代の神宮球場に設置されていた。かつて、若松勉（元ヤクルト）が同球場で打席に入るときには、応援団のコールに先駆けて、ドリマトーンによる『鉄腕アトム』が奏でられていた。ちなみに、ヤマハ製は「エレクトーン」と呼ばれ、ビクター製は「ビクトロン」、河合楽器製のものを「ドリマトーン」と呼ぶ。

とれーど 【トレード】制

FA（フリーエージェント→p.148）やポスティングシステム（→p.156）以外で選手が球団間を移籍すること。同等の価値を持つと考えられる選手同士の交換トレードもあれば、選手の交換は行われずに一方が金銭を支払う金銭トレードもあれば、複数の選手によるトレードもある。

どろじあい 【泥試合】試

相手の弱点や欠点を口汚くののしるような醜い争いを「泥仕合」というが、「泥試合」とは文字通り泥だらけになって試合をすること。あるいは、エラーやフォアボールなどのミスが連発されるひどい試合のこと。類義語は「バカ試合」（→p.133）「クソ試合」など、さまざまなバリエーションが。

どんご 【どん語】人言

「どんでん」（→p.120）こと岡田彰布（元阪神など）が発する言葉の総称。「週刊ベースボール」（ベースボール・マガジン社）誌上における氏の連載タイトルでもある「そらそうよ」は代表的な「どん語」。

どんでん 人

阪神やオリックスの監督を務めた岡田彰布の別称。かつて、味の素フーズの「ほんだし　うどんおでんだし」のCMにおいて岡田氏が発した「どんでんでんねん」というコテコテの関西弁が由来。

12球団ファンクラブ会員
特別対談
「野球」で
食べていくということ
後編

野球と関わる仕事をする著者・長谷川と野球居酒屋「リリーズ神田スタジアム」高橋店長。野球への愛はもちろん、仕事との向き合い方にも共通点が多い2人の話は、さらに深い内容へ……。

マイナスのことを面白がれることが強み

長 たくさん並んでいるグッズもお店の魅力だと思うんですが、入手や整理は大変ではないですか？

高 定休日の日曜は必ず球場に行くので見ようによっては無休で働いていることになりますけど、これが楽しくてしょうがないんです。

長 松山の坊っちゃんスタジアムでも会いましたよね。目の前にピンクの人がうろうろしていたのですぐに気づきました。外でもユニフォーム姿ですもんね（笑）。長く続けることの苦しさみたいなものもありませんか？

高 まったくないですね！　たとえば、ここ7年、毎年「NPB福袋」を買っているんですけど、100％使わないものが入っているんですよ（笑）。わかっていても買い続けるのが楽しいんです。

長 お金になるわけじゃないのに、きちんとブログで毎年報告していますよね（笑）。

高 今年も買うんでしょ、っていうお客さんからの期待もあるし、そういうことまで面白がれるから続けていけるんです。

長 僕もまったく一緒です！　続ける中で大変なことが起きても、それをプラスに変える能力が自分としては高いつもり。

新型コロナ禍の件も、試合スケジュールが全部変更になるから、本来はゴミになってもおかしくない今のスケジュール帳だけど、レアアイテムとして取っておこう……とか、別の楽しみが生まれることもありますよね。今後の展望はどんなことですか？　2号店とか？

高 同じような内装の店を作るだけのグッズは十分にあるんですよ。このお店と同じクォリティを保てる見込みがつけば、あと2店舗くらいは出せたらいいなという思いはあります。ただ、地方に行くと地元の球団の色が濃くなるので東京でしか展開できないだろうな、とは思いますね。

どんなルートをたどっても、
何歳からでも、野球と関わる道はある

長 お互いに流れに乗っていった結果、好きな野球に関わる仕事をしているという感じですが、「前編」で話した文具メーカーの人のように、野球と違う道へ進んでも結果的に野球に関わるということはどんな人にでも起こりえると思うんですね。ロッテの岩下投手が1軍登録されたことがきっかけで「岩下の新生姜」がロッテのスポンサーになったことはいい例で、きっと食品会社の方が野球と関わるなんて思っていなかったはずなんですよ。

「リリーズ」のメニューにも新たに加入した岩下の新生姜。

高 「岩下の新生姜」は当店のメニューにも取り入れました（笑）。自分自身、若いときにはやりたいことがぼんやりしていたし、野球はただ好きだっただけで、将来それを仕事にするなんて思っていませんでしたね。何かの導きで今、若いときに興味を持って手に入れた知識がお守りになっている部分がありますね。

長 直接、野球界で仕事をする正規のルートはあるにせよ、そこに乗らずに、自分の個性と野球をコラボさせると、まったく新しいものができるんじゃないかと改めて感じます。そしてこれは誰でも、何歳からでもできることじゃないかと。

高 そうですね。長谷川さんは編集・ライターをやっていたところに、僕は飲食業をやっていたところに野球を引き寄せた。得意分野に結びつけたんです。たまに野球居酒屋をやりたいという人が相談に来ることがあるんですが、まずは居酒屋で勉強をしたほうがいいと伝えています。プロフェッショナルとして確立したうえでないと、仕事としては成り立たないですよね。選手の通訳がしたい！と思っていても英語が話せなければ、やりようがないですからね。

長 よく、知識自慢の人がいますが、検索すればわかることで勝負しないほうが

いいでしょうね。蓄積した愛情が勝負を決する気がします。

高 長谷川さんもそうかもしれないけど、その愛情を至るところでふれてまわっていると、誰かがどうにかしてくれるというのも日々感じます。

長 本当にそう！その通りだと思う。

高 やりたいことを言うのはタダじゃないですか。それを聞いていた人が、こういうことならできるよ、って声をかけてくれる。身近なところだと「野球が好きならチケットあげようか？」とか言ってもらえることもきっとあるだろうし、仕事でも、野球関連の案件が来たら声がかかるようになるはず。自己ブランディングの一番いい方法だと思いますね。ヤクルトのつば九郎がよく言っている「他力本願」ってすごく重要なんです。たとえば僕の最終目標は球団買収ですけど（笑）、その前に球場のネーミングライツを得たいなって思っているんです。

長 地方の小さな球場なら、可能性はありますよね。

高 そうなんです。でも現実にならなくても誰も来ないような球場に「〇〇〇リリーズ球場」って名前がついていたら面白いよねって話しているだけで楽しいし、その想いに共感してくれる人が集まったらグルーヴ感が生まれるんですよ。

長 愛情と熱があれば、必ず人から愛されますよね。過剰すぎてうっとうしいくらい、という部分まで含めて、好きなことを発信し続ければ応援してもらえるようになると思います。若い人ほど夢を語ると荒唐無稽に思われることもあるかもしれないけど、目標がある人は、ぜひ自ら情報を発信していってほしいですね。

な

ないとうのじゅうろっきゅう

【内藤の16球】史

15年ぶりの日本一奪取に向けてひた走っていたヤクルトの内藤尚行が1993年9月2日の対中日戦で見せた渾身の全投球のこと。延長15回無死満塁の場面で登板した内藤はアロンゾ・パウエル、落合博満、彦野利勝のクリーンナップに対して三者三振の離れ業を披露。内藤は「まぐれです」と謙遜したが、野村克也監督は「すべてのボールに根拠があった。決してまぐれではない」と大絶賛。ヤクルトはこの年日本一となる。

ないやごにんしふと

【内野5人シフト】戦

本来ならば、内野手は一塁、二塁、遊撃、三塁の4人シフトだが、まれに外野手の一人が内野を守る5人シフトが行われることがある。広島や楽天の監督を務めたマーティー・ブラウンは、レフトを二遊間の位置に配置する5人シフトを選択した。同様の

レフトを一二塁間に配置した場合。一見、鉄壁の守備に見えるが、打球が内野を越えると一転してピンチに。

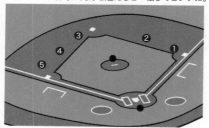

采配は巨人・原辰徳監督も行ったことがあり、ハマれば名将と呼ばれ、外せば笑い者に。かなりリスキーな作戦。

ながしそうめん

【流しそうめん】史食

かつて、空席ばかりが目立っていた川崎球場の外野席においてファンが勝手に行った行動。『珍プレー・好プレー』（フジテレビ系）において、何度も何度も放送され伝説化することに。

ながしのぶるぺんきゃっちゃー

【流しのブルペンキャッチャー】人

スポーツライター・安倍昌彦氏の異名。「野球小僧」（現廣済堂出版「野球太郎」）誌において、ドラフト指名必至の有望投手のボールを自らマスクをかぶってキャッチし、その感想を原稿にまとめていたことから命名された。還暦を過ぎた現在でも、日々グラウンドでボールを受けながら、感じたことをまとめている。ぜひ健康に留意して末永く続けていただきたい。

なかつぎ【中継ぎ】投役

先発と抑えの間に登板する投手のこと。投手分業制が確立する以前は、「先発に不適応な二流投手」の烙印を押されることもあったが、現代野球では重要な役割であることが認知され、勝利には欠かせない存在となった。同義語は「セットアッパー」。

なぞのさかな【謎の魚】Ｍ

2017年、突然出現したロッテの謎のマスコット。当初は「幕張の海に住む謎の魚」という触れ込みで第1形態から徐々に進化し、最終進化系と呼ばれる第5形態まで進化。公式Twitter上のプロフィールによれば「戌年生まれの魚です」とのこと。また、公式ホームページ上の「マリーンズファンへの一言」では、「誰しもが謎を持っている。それを忘れてはならない」という深いんだか浅いんだか、よくわからない謎の言葉を残している。

第一形態は魚。第二形態では魚に足が生えた状態だった。第三形態では魚の中からヒト型が現れ、ファンの度肝を抜いた。

なつのりゅうじんさい
【夏の竜陣祭】イ

中日の夏の恒例イベント。2019年は「竜陣祭ディスコ」を開催。芸人のダイノジがDJとなり、SKE48がナゴヤドームに来場して盛り上げた。他に浴衣無料着付けサービスや浴衣着用者には「夏竜クリア扇子」をプレゼント。2020年も7月に開催予定。

2017年は「盆×DANCEパーティー」。グラウンドでさまざまな盆踊りが繰り広げられた。

なにかおかしなこといってます？
【何かおかしなこと言ってます？】言

2019年シーズン途中にユニフォームを脱いだイチロー（元オリックスなど）の引退記者会見で頻出したフレーズ。何もおかしいことなど言ってはいないのだが、深い哲理と思索に満ちた発言はしばしば難解な印象を与えることが多く、インタビュアーたちの反応が薄いことがあり、そんな際に発言されたのだと推察される。長い間、お疲れさまでした。

にいちに 【212】 ⓜ

球界を代表する日本ハムの名物マスコット B☆B（ブリスキー・ザ・ベアー）の背番号。この番号は2004年、彼のデビュー当時の北海道の全市町村数が由来。北海道に移転した同年から2017年まで日本ハムのメインマスコットを務め、2018年からは球場を離れて北海道の地域貢献をメインに活躍中。2006年からは10年かけて全市町村を訪問する「212物語」を展開。見事に完遂した。

日本ハムのマスコットB☆Bの背番号は「212」。

にくたいかいぞう 【肉体改造】 ⓣ

体力強化や技術向上を目的とし、文字通り「肉体を改造する」こと。科学的トレーニングでの改造が主だが、ごくまれに薬物による改造を行う不届き者も。メジャーリーグのドーピング違反の現状については『禁断の肉体改造』（ホゼ・カンセコ著、ナガオ勝司訳／ベースボール・マガジン社）に詳しい。

にじゅうよんしょうれいはい 【24勝0敗】 ⓢⓣ

ヤンキースの主力投手として大活躍中の田中将大が、楽天時代の2013年に残した驚異の年間成績。この年の田中は28試合に登板し、8完投を含む24勝無敗1セーブ、防御率は1.27を記録。楽天初の日本一の大原動力となった。

にちべいだいやきゅうせん 【日米大野球戦】 ⓐ

1934年、読売新聞社の社長だった正力松太郎氏はアメリカ大リーグ選抜チームを招聘し、社会人から選抜された日本軍と全16試合を行った。このときの大会告知ポスターに躍ったのが「日米大野球戦」のコピー。ポスター中央には「野球王」としてベーブ・ルースの似顔絵が大きく描かれている。ちなみにこのとき、日本軍は1勝もできなかった。日米のレベルの差は、現在とは比べ物にならないほど大きかったのだ。

にったりろん 【新田理論】 ⓓ

野球を科学的に分析しようとアプローチを試みた新田恭一が考案した打撃理論。松竹や巨人で監督を務めた新田は、「人間の動きは曲げる、伸ばす、ねじるの3つである」との考えから、下半身主導のダウンスイングを提唱した。ゴルフにも造詣が深く、多くのプロゴルファーが「新田式打法」と呼ばれるゴルフスイングを採り入れている。

にっぽんいち【日本一】⑰

セ・リーグとパ・リーグの覇者が激突する日本シリーズの勝者だけが名乗ることを許される、名誉ある称号。

にっぽんじんあつかい

【日本人扱い】制

NPB（日本野球機構→p.126）の規定で、外国人の一軍登録は4人まで、という外国人枠が設けられているのに対して、国内FA（フリーエージェント→p.148）の資格を得た外国人選手は、FA資格取得翌年から日本人選手扱いとなり、外国人枠を外れることになる。2020年シーズンからソフトバンクに移籍したウラディミール・バレンティンがその一例。他に郭泰源（元西武）、タフィ・ローズ（元巨人など）、アレックス・ラミレス（元DeNAなど）、アレックス・カブレラ（元ソフトバンクなど）らが日本人扱いでプレーした。

にっぽんやきゅうきこう

【日本野球機構】団

通称NPB。1936年に誕生し、1950年からはセントラルリーグとパシフィックリーグの2リーグ制を採用している。現在は斉藤惇が第14代コミッショナーを務めている。日本プロ野球の最高機関。

にっぽんわーるどしりーず

【日本ワールドシリーズ】史

セ・リーグとパ・リーグが誕生し、本格的な2リーグ制が訪れた1950年。記念すべき第1回の両雄の激突は現在の「日本シリーズ」ではなく、「日本ワールドシリーズ」と呼ばれた。

にねんめのじんくす

【2年目のジンクス】他

「1年目に活躍した選手は2年目には伸び悩み、成績不振に陥る」といったニュアンスで用いられる。その要因としては1年目の活躍で慢心したり、天狗になったりしてしまうこと。また、相手チームが弱点を研究することなどが挙げられる。

にゅうかん【二遊間】試

二塁手と遊撃手の間のこと。セカンドでのダブルプレーの際には二塁手と遊撃手との間で息の合ったコンビプレーが見られる。二遊間を抜けたゴロはセンター前ヒットとなる。守備の要となる重要なポジション。

にゅうさつ【入札】制

一般的に「ドラフト会議」と呼ばれる「新人選手選択会議」の1巡目において、各球団は獲得を希望する選手を同時に提出。この作業を「入札」という。指名が重複した場合は抽選が行われ、毎年悲喜こもごもの人間ドラマが繰り広げられるのである。

ねおりゅうらーめん
【NEO竜ラーメン】食

ナゴヤ球場のすぐ近くにある「ラーメン専科　竜」が一日10食限定で販売しているメニュー。骨付きのスペアリブが入って定価は1000円。高校球界のスター・根尾昂の中日入団に便乗して開発、発売された。

ねずみ【ネズミ】他

関節軟骨やその下の骨（軟骨下骨）の一部がはがれ、ひざやひじなどの関節内を移動するようになった骨軟骨片の通称。正式には「関節内遊離体」と呼ばれる。関節を曲げ伸ばしする際に激痛が伴うこともあり、重度の場合は手術によって除去しなければならないことも。

ねんぽうちょうてい【年俸調停】制

選手年俸において、本人の希望と球団側の提示との間に大きな隔たりがあった場合、両者のいずれかが所属連盟に調停を申請できる制度のこと。コミッショナーが申請を受理すると、ただちに調停委員会が構成され調停作業を行う。選手の権利の一つとして認められているが、調停にいたるケースはほとんどない。

のーかうんと【ノーカウント】ル

カウントしないこと。2001年3月、ダイヤモンドバックスのランディ・ジョンソンが投じた一球はたまたまバッテリー間を横切った鳩に命中。剛速球をまともに食らった鳩は絶命する。こうしたケースに備え、「公認野球規則」（→p.63）では「投球が鳥に触れた場合は、ボールデッド（→p.156）としてカウントしない」と規定されている。公認野球規則、準備よすぎ。

のーげーむ【ノーゲーム】制

天候やグラウンドコンディションなどの理由で途中で打ち切りとなってしまい、試合が成立しなかったゲームのこと。しかし、試合途中での終了であっても、①5回表裏が完了している、②5回表終了時、または5回裏攻撃途中で後攻チームがリードしている、③5回裏に後攻チームが得点して同点となっているケースでは試合成立とみなされる。

のーこん【ノーコン】投守

投球、送球のコントロールが悪いこと。「ノーコントロール」の略称で、制球力が悪い状態、選手のことを指す。

のーすろーちょうせい

【ノースロー調整】㊗

登板過多による肩やひじの故障を防ぐために、あえてボールを投げない（握らない）期間を設けて調整すること。ロッテを引退後、スポーツメディカルの分野に進んだ荻野忠寛は自身のホームページにおいて、「アメリカの少年野球では投手は少なくとも年に4ヶ月は競技野球での投球を避けるガイドラインをMLBが出しています」と説明している。

のーのー 【ノーノー】㊗㊗

投手が相手チームに安打を与えない無得点無安打試合のことを指す「ノーヒットノーラン」の略称。四死球やエラーの走者も出塁させずに勝利した場合は「完全試合」と呼ばれる。

のーばんとうきゅう 【ノーバン投球】㊗

「ノーバウンド」でキャッチャーのミットに届いた投球の略称。主に女優、女性アイドルが始球式を行った際に登場する、スポーツ紙などの頻出表現。パッと見ると、「ノーパン」に見えるところから、読者の関心を惹こうとするあざとすぎる手法。わかっていてもダマされる。悔しい。

のーりみっとだせん

【ノーリミット打線】㊜

「No Limit!」をスローガンに掲げた2008年の西武は、まさに「限界のない」打線がチームカラーとなり、一番・片岡易之（治大）、二番・栗山英樹、三番・中島裕之（宏

之）、四番・ブラゼル、五番・G.G.佐藤、六番・中村剛也と並ぶ超強力打線が完成。渡辺久信監督率いる西武は、4年ぶりのリーグ制覇、日本一、アジア一に輝いた。

のーるっくとうほう 【ノールック投法】㊗

キャッチャーを見ることなく投球する投げ方のこと。巨人などで活躍した岡島秀樹氏が代表例。別名「あっち向いてホイ投法」とも呼ばれる。「サントリードリームマッチ」（→p.84）の始球式を務めた石原さとみは2019年の始球式でこの投法を披露。見事な「ノーバン投球」（→p.128）で球場中を沸かせた。

のっかー 【ノッカー】㊗

ノック（→p.129）を打つ人。主に監督、コーチなどの指導者が務める。往年の名選手がノッカーとなると、彼の現役時代を知るファンは胸を熱くする。2000年春、この年から現役時代と同じく背番号《3》を背負った巨人・長嶋茂雄監督が、自らノッカーとなって新加入の江藤智にノックの嵐を浴びせたシーンは、今も語り草となっている。

のっく【ノック】守

野球やソフトボールの守備練習において、自分でトスしたボールを野手に打つこと。自らの意志で打球に強弱をつけたり、転がす位置を決めたりできるので、さまざまな打球の捕球練習が可能となる。

のっくばっと【ノックバット】道

ノック（→p.129）専用バット。普通のバットと比べると、明らかに細く、長く、軽く作られており、長時間スイングしても疲れにくくなっている。遠心力を使ってスイングできるので、力を入れずに力強い打球を打つことが可能。

ノック用のバット。選手が試合で使うものよりも長く作られていることがある。

の・ぼーるみゅーじあむ
【の・ボールミュージアム】施

愛媛・坊っちゃんスタジアム（→p.161）に併設されているミュージアム。地元出身である正岡子規の雅号「野球（の・ぼうる）」にちなんで命名された。アマチュアコーナーとプロコーナーとで構成されている。野

入館料は無料。イチロー（元オリックスなど）のグラブや松井秀喜（元巨人など）の手形などを見ることができる。

球王国・愛媛の歴史を学ぶと同時に、動体視力や反射神経の測定ができる体感コーナーなどが充実している。

のむらかつや
べーすぼーるぎゃらりー
【野村克也ベースボールギャラリー】施

公益財団法人「丹後地域地場産業振興センター」内にある野村克也（元南海など）の偉業をたたえるミュージアム。生前の野村が寄贈したトロフィーや盾などが飾られている。現場である「アミティ丹後」は野村の母校・旧網野小学校の跡地だという。入館料は無料。

数々のトロフィーや写真でノムさんの功績を振り返ることができる。

のむらひくやきゅう
いこーるぜろ
【野村－野球＝0】言

生前の野村克也（元南海など）がしばしば口にしていたフレーズ。自らの人生から野球を取ってしまうと「0」となってしまうことから、多くの教え子たちには、自らの半生を踏まえて「0になってはいけないぞ」と諭していたという。

のんぷろ【ノンプロ】職

「ノン・プロフェッショナル」の略で、直訳すれば「プロではない」、つまりアマチュア選手のこと。高校、大学野球には用いられず、一般的には社会人野球を指す。

「やれるかやれないかではなくて、自分次第」(大谷翔平／エンゼルス)

投手と野手の「二刀流」を目指していた大谷翔平の周囲には常に「そんなのは無理だ。前例がない」という批判がつきまとっていた。しかし、大谷は「すべては自分次第」という考えを胸に、周りの雑音に耳を貸さずに日々の練習を続け、日米で見事に夢をかなえた。

「もう正常時には戻れない。ならば、この異常な肩とともに、《異常の正常》を求めながら野球を続けていくしかないんです」(伊藤智仁／ヤクルト)

あの古田敦也に「直角に曲がる」と言わしめた「高速スライダー」を武器に、並み居る強打者たちを圧倒した伊藤智仁。彼は常に故障に悩まされ続けた。いくらリハビリをしても万全の状態には戻れない。暗く長いトンネルの果てに、彼が悟ったのがこの考えだった。

「守らせたら天下一品。でも、守るだけで攻めないから自衛隊だな」(野村克也／ヤクルト)

数々のボヤキ節でファンを楽しませてくれたノムさん。これは入団時の宮本慎也を評した発言。守備は超一流、打撃はイマイチだったため「専守防衛の自衛隊」と酷評。しかし、その後の宮本は打撃も開眼、名球会入り。ノムさんも「宮本は監督の器だ」と評価する。

思えば、いろいろありました

忘れじの名言&【平成編】

「結果は最後は自分次第。自分が自分の味方でいてあげないと」(田中将大／ヤンキース)

マウンドに上がれば頼れるものは自分だけ。新しい挑戦を始めるときには必ずしも味方ばかりではなく逆風が吹くこともある。だからこそ、自分だけは自分の味方でいてあげることが重要になる。そうすれば、結果がうまくいこうとも失敗に終わろうとも納得がいく。

「メジャーリーグでは英語ばかりで、これでやっと日本語で話ができると思ったら、監督が外国人だった（笑）」(新庄剛志／日本ハム)

「これからはパ・リーグ（の時代）です！」(→p.73)と宣言して日本球界に復帰した新庄剛志が、復帰先に選んだのがトレイ・ヒルマン監督率いる日本ハムだった。明るいキャラクターで天性の華を持つ新庄の加入は、北海道に移転したばかりの日本ハムにさまざまな好影響をもたらした。

「野球というスポーツのすばらしさを子どもたちに伝えていきたい。そのためにも、大きなホームランを打ちたいんです」(松井秀喜／巨人)

球界を代表するスラッガーとして、大ホームランを量産した松井秀喜。「ゴジラ」の愛称で子どもたちから愛された松井の胸の内には、常に「子どもたちのために大きなホームランを打ちたい」という思いがあったという。大アーチは誰もが幸せになれる瞬間なのだ。

「記録よりも、自分が誇れるのは
　メガネをかけてやってこられたことかな？
　〝メガネをかけた野球選手はダメだ〟って
　言われていた時代なんでね」（古田敦也／ヤクルト）

「メガネをかけた捕手は大成しない」と信じられていた時代があった。しかし、稀代の名捕手・古田敦也の攻守にわたる大活躍を受け、そんな考え方も過去のものとなった。古田の姿に勇気づけられた全国の「メガネ捕手」からの感謝の言葉が多く届いたという。

「野球を始めたときから今まで、
　僕は自信なんて持ったことがない。だから僕には、
　そもそも〝自信喪失〟という状態がありません。
　日々、不安との勝負だから」（坂本勇人／巨人）

トップスターとして走り続ける坂本勇人もすでに三十路を過ぎた。それでも、彼は今もなお「自信なんて持ったことがない」という。「自信」がないからこそ、「自信喪失」とも、「自信過剰」とも無縁であり、常にがむしゃらにさらなる高みを目指し続けるのである。

迷言&珍言集

「プロ野球選手のサインには、
　人生を変える力がある。僕がその証拠だ」
　　　　　　　　　　（山﨑康晃／DeNA）

不動の守護神として活躍する山﨑康晃は、幼い頃に森木稀哲にサインをもらい、その感激が今もなお忘れられないのだという。自分が体験した感動を少しでも多くの子どもたちに味わってもらいたい。その思いがあればこそ、彼は熱心に色紙にペンを走らせるのだ。

「ドジャースの一員となったこの日を
生涯忘れません」
　　　　　　　　（野茂英雄／ドジャース）

「日本野球を捨てた裏切り者」とバッシングを受けつつも、「メジャーリーガーになる」という自らの夢をかなえた野茂英雄。さまざまな障害を乗り越えてドジャース入りした1995年に語った言葉。彼の勇気が「日本人メジャーリーガー」続出へと繋がるのだ。

「野球は心でするものだ。
スローカーブを
まぜられなかったのは、
勇気がなかったからだ」
　　　　　　　　　　（今中慎二／中日）

1994年10月8日、巨人・長嶋茂雄監督が「国民的行事」と称した一戦、勝った方が優勝という大事な試合で、中日の先発マウンドに上がったのは今中慎二だった。しかし、山中は巨人・落合博満に手痛い一発を喫して敗戦投手に。原因は、本来のピッチングができなかったからだ。試合後、語ったのがこのセリフだった。

「僕は自分のことが
天才だなんて
思うことはできない。
それなりに練習も
やってきましたからね」
　　　　　　　（イチロー／オリックス）

常に「天才」と称されるイチローはまだ20代だったオリックス時代にすでにこんな発言をしていた。この後、メジャーリーガーとなり、さらなる偉業を築き上げる。しかし、そこには並々ならぬ努力があった。常に練習を怠らないからこそのプライドと自負が感じられる名言だ。

は

ぱーくふぁくたー【パークファクター】場

大きさや形状、立地はもちろん、ドームか屋外かなど、それぞれの球場は大きく異なる。それによって選手の成績にも偏りが生まれるため、球場ごとの特性を数値化した指標をパークファクターと呼ぶ。これにより、「ホームランが出やすい（出にくい）球場」などを数値で比較することが可能となる。

はーどおふえこすたじあむ
にいがた
【HARD OFF ECOスタジアム新潟】場

新潟県立野球場の別称。2009年7月1日開場。両翼100メートル、中堅122メートルで収容人員は30000人。2010年のオールスターゲームが開催された。

県内最大、約30,000人の収容が可能。また、全面人工芝の球場は県内初。

はーふうぇい【ハーフウェイ】走

一塁と二塁の間、二塁と三塁の間、三塁と本塁の間までリードをとること。フライが上がった際に走者はハーフウェイで打球の行方を見ながら、ヒットになればそのまま進塁し、野手が捕球すればリタッチしたうえで、次の塁を目指す。どちらの塁にも行ける位置のこと。

はーふすいんぐ【ハーフスイング】打

投手の投球後に打者がスイングを途中でやめる中途半端なスイング。ハーフスイングが空振りなのか、それともそうではないのかは審判のジャッジに委ねられる。一般的には打者の手首が返っていればスイングで、手首が捻られていなければノースイングとされるが、スロービデオでチェックすると、ほとんどのケースが空振りとなっている。

はいきゅう【配球】 投

打者を抑えるために投手や捕手が球種やコースを考えること。「野球は頭でするもんや」と公言する野村克也（元南海など）など、歴代名捕手たちにはそれぞれの配球のセオリーがあり、野球の奥深さを再認識させてくれる。

はいたいこうい【敗退行為】他

故意に敗れるためのアクションを起こすこと、あるいは敗退を防ぐためのアクションを起こさないこと。野球協約では「勝つための最善の努力を怠ること」も敗退行為とされる。八百長騒動の温床となる。

ぱいのみ【パイの実】食

1979年の発売以来、長きにわたって人気を誇るロッテの定番商品。こんがり香ばしいサクサクとした食感のパイとチョコレートの絶妙なハーモニー。ロッテに入団した新人選手は、必ずロッテ工場を見学し、「パイの実」の製造工程のレクチャーを受ける。そこで、ルーキーたちが「パイの実が64層からなっていることを知ってビックリしました。何事も積み重ねが大事だと学びました」と語るのは毎年の恒例行事。

パイの中に注入されているのは、パイの実専用のレシピで作られたこだわりのチョコレートだという。

ばいばーしーと【Viver シート】場

Viverとはバイバーメディア社が開発したスマートフォン、パソコン向けのインターネット電話アプリのこと。楽天生命パーク宮城（→p.173）には、レフトスタンドに近い内野三塁側にこの名が冠された座席がある。

ばかじあい【バカ試合】他

猛攻が止まらずバンバン点が入ったり、登板（→p.117）する投手がみな痛打を浴びたり、ストライクが入らなかったり、野手はエラーを連発したり、要するに締まりのない試合の蔑称。類義語として「アホ試合」「クソ試合」「ダメ試合」「泥試合」（→p.120）。などがある。

はしどしょう【橋戸賞】タ

社会人野球の晴れ舞台である都市対抗野球を創設した橋戸信にちなんで誕生。いわゆる最優秀選手賞のことで、優勝チームから選ばれる。近年では近本光司（阪神）、須田幸太（元DeNA）らが受賞している。準優勝チームから選出される敢闘賞にあたるものが「久慈賞」で、新人賞にあたるのは「若獅子賞」。

ばじりすくたいむ【バジリスクタイム】⑧

人気漫画『バジリスク〜甲賀忍法帖〜』(せがわまさき／講談社)をパチスロ化した「バジリスク」における大当たり状態のこと。2018年からはヤクルト応援団がこの曲をチャンステーマとして採用。パチンコ、パチスロ好きな畠山和洋(ヤクルト二軍打撃コーチ)は、現役時代にこの曲になると一層気合いが入ったとか、入らなかったとか。一部ファンの間では「ハタケヤマタイム」とも呼ばれている。

©せがわまさき・山田風太郎／講談社

はせがわしょういち
【長谷川晶一】⑧

1980年、10歳の頃からヤクルトファンクラブ(FC)に入会し、2020年に50歳になる中年野球ファン。2005年からは12球団すべてのFCに入会して16年目に突入。趣味が高じて野球の本や文章を書くことが多い。要するに、この本の作者。

はせめーたー【ハセメーター】⑧

イチローの「イチメーター」(→p.34)にインスパイアされ、ソフトバンク・長谷川勇也の熱心なファンが作ったお手製ボード。

「ハセメーター」作者の関口岳生氏。長谷川勇也は2016年にプロ10年目にして1000安打を達成。

2013、2014、2015年版、さらに1000安打カウントダウン版の4種類がある。球団関係者の目に留まり、ファンクラブ特典DVDにおいて作成者の関口岳生氏と長谷川勇也との夢の対談が実現した。

はちじはんのおとこ【8時半の男】⑧

投手分業制の走りであり、日本のリリーフ投手の草分け的存在である宮田征典(元巨人)の異名。後楽園球場のウグイス嬢(→p.37)だった務台鶴さんが「宮田さんはいつも8時半に登板(→p.117)する」と口にしたことが命名のきっかけとなった。

はちろくさま【86さま】⑧

ヤクルトのヘッドコーチ時代に背番号《86》を背負っていた宮本慎也(元ヤクルト)に対する敬称。背番号《6》だった現役時代に、つば九郎が「6さま」と呼んでいたことから名づけられた。

ばっくほーむ 【バックホーム】 守

野手がホームに送球すること。

ば「っ」ふぁろーずけいさつ

【バ「ッ」ファローズ警察】 ネ

オリックス・バファローズはしばしば「バッファローズ」と誤表記されるため、これを取り締まるべくネット上に登場したのが「バッファローズ警察」だ。入念な取り締まりの成果もあって、近年では以前と比べれば状況はかなり改善されているものの、それでも「バッファローズ」は亡霊のごとく現れる。より一層の取り締まり強化を望みたい。

ばとるすたでぃーず

【バトルスタディーズ】 作

週刊「モーニング」（講談社）に連載されている人気野球マンガ。作者は、数多くのプロ野球選手を輩出したPL学園野球部出身のなきぼくろ。DL学園野球部に在籍する狩野笑太郎に次々と降りかかる、理不尽なまでの厳しすぎる上下関係がリアルに描かれている。やはり、実体験者の体験談は面白い。

©なきぼくろ／講談社

ぱぶりっくびゅーいんぐ

【パブリックビューイング】 他

スタジアムや街頭、あるいはスポーツバーなど公共の場において、みんなで試合中継を観戦する応援スタイルのこと。チケットが入手困難だったため、試合開催地が遠方のビジター球場だったため、店の売り上げアップのためなど、開催理由はさまざまだが、みんなで一緒に応援することで一体感が増し、場内は異様な熱気に包まれる。

はまのだいまじん 【ハマの大魔神】 人

日米通算381セーブを記録する名クローザー、佐々木主浩の異名。横浜時代からこう呼ばれ、メジャー移籍後も現地のファンに「Daimajin」と呼ばれていた。1998年には、横浜駅東口の地下街に佐々木のフォークボールの握りを再現したブロンズ像をご神体とする「ハマの大魔神社」が設置された。

ばもす 【バモス】 言

語源はスペイン語の「vamos」で、英語の「come on」と同義であり、日本語では「さぁ、行こう！」から転じて、「頑張れ！」の意味となる。野球界ではホセ・ロペス（DeNA）やアレックス・ゲレーロ（元巨人）ら中南米出身選手の応援で多用される。

はらじゅりけいさつ

【原樹「里」警察】⊛

ヤクルトの原樹理は、しばしば「樹里」と誤表記されることから、この誤りを正そうとする人々の総称。熱心なパトロールが行われているにもかかわらず、いまだ「樹里」多発中。より一層の取り締まり強化を望みたい。「理性が樹木のように茂るように」という両親の思い思いが込められているから、「樹理」なのだ。

ぱりこれ 【パリコレ】⊛

パ・リーグからヤクルトに移籍して活躍する選手たちの総称。2019年在籍者では坂

口智隆、近藤一樹（以上、前オリックス）、山中浩史、山田大樹（以上、前ソフトバンク）、高梨裕稔、大引啓次、太田賢吾（以上、前日本ハム）など、枚挙にいとまがない。

はるのおおやま 【春の大山】⊛

2019年春、Twitter界に突如として登場した若手詩人にネット上は騒然とする。阪神ファンの小学生の男の子が「春」をテーマに書いた詩が、父の手によってツイートされたのだ。タイトルは「春の大山」。「あったかいし6時だ。サンテレビを見よう。西のピッチングに近本のヒット。でもこれがいちばん、春の大山。ホームランに、ヒット、たまにダブルプレイ。まあまだ春だから。春の大山。打つんだ」と続く。ぜひ、検索して全文に触れてほしい。天才詩人のあふれる才能に驚くはずだ。

ぱわーぴっちゃー

【パワーピッチャー】⊛

文字通り、力強い投球を披露するピッチャーのこと。定義はさまざまだが、基本的にはストレートが速く、奪三振の多いピッチャーを指すことが多い。

ばんとしふと【バントシフト】守

犠牲バントが予想される場面で守備側が打者にプレッシャーをかけたり、どうしても走者を進塁させたくなかったりするときに敷く守備陣形のこと。ピックオフプレー（→p.139）やブルドッグ（→p.149）もバントシフトの一種。

はんまーかーぶ【ハンマーカーブ】投人

2019年、広島に在籍したカイル・レグナルトによる独特なカーブの呼称。ハンマーを振り下ろしたような落差と力強さから命名された。6月までは安定感抜群のリリーバーとして活躍したが、7月以降はまさかの大不振で、成績も急降下。シーズン終了後に戦力外通告を受けた。

びーしーりーぐ【BCリーグ】団

北陸、信越地方5県と関東地方5県、さらに東北地方1県、近畿地方1県の計12県を本拠地とするプロ野球独立リーグ。㈱ジャパン・ベースボール・マーケティングが運営する。正式名称は「ベースボール・チャレンジ・リーグ」で、命名権により、一般的には「ルートインBCリーグ」と呼ばれている。2007年のリーグスタート以来、年々加盟チームが増えており、地道に、しかし着実に日本の野球文化発展に貢献している。「ふるさとの全力プロ野球」を旗印に、地域の人々に夢と感動を与え続ける。

びーるはんがくでー
【ビール半額デー】イ

各球場で行われているファンサービスの一環。通常価格の半額ということで、普段と比べて飛ぶようにビールが売れる。しかし、調子に乗って飲み過ぎて、普段よりも酔っ払い、とくに酩酊者、泥酔者が多数出現することで一部では不興を買っている。二日酔いには注意して、酒は楽しく、きれいに呑みたいものですな、ご同輩！

びーんぼーる【ビーンボール】投

打者を狙って投げる投球。狙われた打者はもちろん激昂。当然、許されざる行為であり、乱闘の口火となることが多い。

ひかるのほうよう 【ヒカルの抱擁】他

試合に勝利した瞬間、マスクをかぶっていた伊藤光（DeNA）がマウンドに駆け寄ってピッチャーと抱き合う勝利の儀式を表現した言葉。今永昇太、濱口遥大らDeNA投手陣にとっても大きなモチベーションとなっているらしい。イケメン捕手として人気の伊藤だけに、女性ファンは羨望とともにうっとり見つめている。

ひきょり 【飛距離】打

打球が飛んだ距離のこと。トラックマン（→p.119）が普及した現在では瞬時に打球角度や飛距離も計測される。

ひきわけさいしあい

【引き分け再試合】制

1990年から2000年にかけて、NPB（日本野球機構→p.126）の規定では、引き分けに終わった試合については再試合が行われていた。チーム記録、個人記録は再試合分も含めた全試合が対象となっていた。

ひけしやく 【火消し役】投役

絶体絶命のピンチを最小限に食い止めるリリーフピッチャーの異名。大炎上する前に消し止めることが由来。英語でも、「消防士」を意味する「ファイヤーマン」と呼ばれている。

ひこうりゅうせんしまじわらん

【非交流戦士マジワラン】イ

交流戦の時期になるとロッテが打ち出す恒例キャンペーンの総称。煽情的なコピーとともに、大型ロボット「マジワラン」が相手チームを挑発する。2019年度は「その読み、的外れやのぉ〜。」と阪神・矢野燿大監督を挑発し、「どん底へ、いって鯉」などと広島に宣戦布告を行っている。

交流戦ポスターでの「挑発」は、ロッテのお家芸。2019年には、2016年に登場した「マジワラン」が「REI－WA01」タイプとなって再登場した。

ひごのべーぶるーす
【肥後のベーブルース】Ⓐ

10代のホームラン記録をことごとく塗り替えたヤクルト・村上宗隆のニックネーム。熊本・九州学院高校時代に通算52本塁打を記録した豪打から名づけられた。

びじたーおうえんでー
【ビジター応援デー】Ⓘ

本拠地球場だけではなく、ビジター球場でも熱い応援をしてもらうために、近年では各球団がファンクラブ会員向けのビジター応援デーを実施している。来場者に会員ポイントを付与したり、ピンバッジなどをプレゼントしたりするのが一般的。パ・リーグは全球団が連携して大々的に行っている。

ロッテのホームゲームでの、西武のファンクラブ会員を対象にした来場者特典のピンバッジ。試合日が印字されたレアアイテムだ。

ひだりでうてや 【左で打てや】🗣

正月恒例の人気特番『とんねるずのスポーツ王は俺だ!!』(テレビ朝日系) で繰り広げられる「リアル野球BAN」内での名セリフ。スイッチヒッターの杉谷拳士 (日本ハム) が右打席に入ろうとすると、年下の山田哲人 (ヤクルト) が「左で打てや」と挑発。後輩からの挑発にいったんは無視を決め込むものの、結局は「やってやろうじゃねぇか!」と山田の誘いに乗り、左打席に入るのがお約束。

ひだん 【被弾】投

投手がホームランを打たれること。

びっぐいにんぐ 【ビッグイニング】試

大量点が記録されたイニングのこと。明確な定義はないものの、「この回、一挙5点のビッグイニング」とか、「打者一巡のビッグイニング」などと表現される。猛攻。

ぴっくおふ 【ピックオフ】守

野手の動きによって走者の離塁を大きくしてアウトにしようと試みるサインプレー。たとえば、バントが予想される場面で一塁手が打者に向かって猛ダッシュをすることで一塁走者を油断させつつ、実はこっそりと二塁手が一塁ベースカバーを行うようなプレーのこと。

びっぐばんだせん
【ビッグバン打線】打

1998年、ファンからの公募で決まった日本ハムの超強力打線の異名。その後も、破壊力あふれる打線が形成された際にはしばしば用いられる。1998年の布陣は一番・田中幸雄、二番・奈良原浩、三番・片岡篤史、四番・ジェリー・ブルックス、五番・ナイジェル・ウィルソンと連なる、魅力的な打線だった。

びっぐばんろーすかつかれー
【ビッグバンロースカツカレー】食

大の日本ハムファンである日乃屋カレー秋葉原店の四元栄示店長が考案した同店の人気メニュー。ロースかつは、もちろん日本ハム社のものを使用し、日本ハムの営業担当との交渉の末に「ビッグバン」「日本ハム」の名称許可も得たという。1100円（税込）で好評発売中。

びっぐべいびー 【ビッグベイビー】人

原辰徳監督が巨人の若き四番・岡本和真につけたニックネーム。2019年10月には球団公式サイトにて「BIG BABY Tシャツ」（税込5500円）が発売された。

ひっしのぱっち 【必死のパッチ】他

「一生懸命に頑張ることの最上級」として、主に関西圏で使われる。野球界では矢野燿大、関本賢太郎ら阪神OBが使い、現役選手では藤浪晋太郎、原口文仁ら、主に阪神

の選手がヒーローインタビューでたびたび口にしている。

ひったーずぱーく
【ヒッターズパーク】(場)

パークファクター（→p.132）から見て、打者に有利な球場のことを「ヒッターズパーク」と言い、逆に投手有利な球場を「ピッチャーズパーク」と呼ぶ。日本では東京ドーム、明治神宮野球場、改修後の福岡ヤフードーム（ペペド→p.155）などが打者有利の球場として有名だ。

ぴっちすまーと 【ピッチスマート】(投)

2014年にメジャーリーグにて導入された投手の体調、健康管理のためのガイドライン。医師やトレーナーなど専門家の意見を基に、年齢ごとによる球数の上限、その後の休養期間などを細かく定めたもの。アメリカではすべての少年野球組織、大会がピッチスマートに沿って投球制限、登板間隔を遵守している。

ぴっちどあうと 【ピッチドアウト】(投)

走者の盗塁を警戒したり、リードの大きい走者を刺殺したりすべく、捕手の指示で投手に高めのボールを投げさせること。

ぴっちとんねる 【ピッチトンネル】(投)

近年のメジャーリーグにおいて広まっている新しい概念で、「異なる球種を途中まで同じ軌道で投げること」を意味しており、これによって打者は球種の判別が困難となり打ちづらくなる。このトンネル幅が狭ければ狭いほど、また打者に近ければ近いほど、打者はお手上げ状態になる。

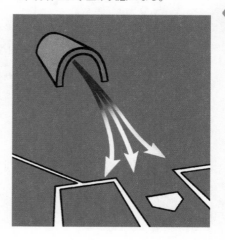

ぴっちゃーぷれーと
【ピッチャープレート】(投)

ホームベースから18.44メートルに位置する長方形の白いゴム。日本語では「投手板」と呼ばれ、投手はこの板を踏んで投球しなければボークとなる。

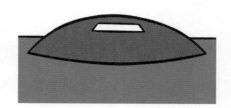

びばくおん【美爆音】⑧

千葉県・習志野高校応援名物。2019年6月14日のロッテ対中日戦では同校の吹奏楽部がZOZOマリンスタジアムのライトスタンドに陣取り、地元のロッテ選手に対して美爆音で演奏。「12球団一熱い」といわれるロッテ応援団との夢のコラボを実現するも、この日のチームは惜敗した。

ぴぼっとまん【ピボットマン】守役

内野ゴロのダブルプレーを行う際に、別の野手からのボールを受けて、すばやく転送する選手のこと。

ひゃまだ ⑧

ヤクルト・山田大樹の俗称。チームメイトに同姓の「山田哲人」が存在するため、山田大樹の背中には「H.YAMADA」と記されており、それを続けて読んだ結果「ひゃまだ」と一部ファンの間で称されるようになった。

ぴんばっじ【ピンバッジ】⑦

来場特典やファンクラブ特典など、ファンサービスの一環としてすでに定着。帽子や

世界中に膨大なコレクターがいるというピンバッジ。各球団、趣向を凝らしたピンバッジを作成している。

ふぁいたーずがくえん

【ファイターズ学園】 イ

2019年、日本ハムのファン感謝デーは、「ファイターズ学園」をコンセプトに大々的に開催された。選手の生年月日を基に3学年を設定し、学年ごとの対抗戦を披露。球団OBである森本稀哲が1年F組、稲田直人が2年F組、今浪隆博（今浪チルドレン→p.35）が3年F組の担任を務めた。

ふぁいぶつーるぷれーやー

【5ツールプレーヤー】 八

攻撃面、守備面、そして走塁面と、すべての能力に秀でた選手を表すフレーズ。具体的には「ミート力」「長打力」「走力」「守備力」「送球力」の5項目。現役では柳田悠岐（ソフトバンク）、糸井嘉男（阪神）らを指す。かつて、多村仁志（元中日など）はここに「ファッションセンス」を加えた「6ツールプレーヤー」を自称していた。

ふぁんふぁーれ

【ファンファーレ】 八

高校野球では、奈良県・天理高校応援団によるファンファーレが定番だが、プロ野球においては塩見泰隆（ヤクルト）の登場曲として有名。JRAの関東G1ファンファーレが神宮球場に鳴り響くとき、場内には

「ハイ、ハイ、ハイ！」という、曲に合わせた熱い掛け声と軽い笑いが響き渡る。未完の大器、チームを引っ張れ、塩見！

ふぁんぶっく **【ファンブック】** 作

毎年、開幕時期になると各球団から発売される一年の風物詩。「イヤーブック」や「イヤーマガジン」と呼ばれることも。「全選手紹介」「今季の展望」「主力選手インタビュー」などで構成されており、見どころは特別ゲストや大物選手同士の「特別対談」。夢の組み合わせに胸躍らせ、来るべき球春に思いを馳せることができる。筆者は、1977年からの全ヤクルトファンブックを所有している。あとで見返すと、その時代が鮮やかによみがえり懐かしい気分に。

ふぁんぶる **【ファンブル】** 守

打球や送球を好捕することができずに弾いてしまったり、お手玉してしまったりすること。

球団ファンブック

▶ セ・リーグ

読売ジャイアンツ

「GIANTS2020」（読売新聞社）

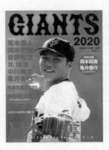

坂本勇人の勇姿がまぶしい表紙。特別付録は岡本和真と亀井善行のとじ込みポスター。他球団と比べると活字が大きく、ご高齢者を想定読者にしているのだろうか？ 多種多彩なデータが並ぶ巻末の「ジャイアンツ・データ・ワールド」はかなりの読み応え。／1020円（税込）

横浜DeNAベイスターズ

「横浜DeNAベイスターズ 2020 オフィシャルイヤーマガジン」（ベースボール・マガジン社）

上質で高そうなラメ入りの表紙が目印。特別付録は試合日程付きのとじ込みポスターカレンダー。個人的におおススメしたいのが文春野球コミッショナー・村瀬秀信の手になる「私的エッセイ」。横浜スタジアムへの愛に満ちた文章が胸を打つ。／1400円（税込）

阪神タイガース

「阪神タイガース公式イヤーブック2020」（阪神タイガース）

12球団唯一のB5判。他球団と大きく違うのは巻末に全43ページの「グッズカタログ」が「別冊」と題して組み込まれている点。これだけでかなりの分量がある。また最終ページには「85周年記念付録」としてオリジナルポストカードが2枚付いている。／1350円（税込）

▶ パ・リーグ

埼玉西武ライオンズ

「埼玉西武ライオンズファンブック2020年度版」（ベースボール・マガジン社）

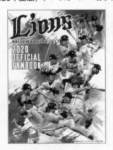

本書の白眉は巻頭の「栗山巧×源田壮亮」の新旧主将対談だろう。栗山が主将に指名されたのは自らの結婚披露宴で渡辺久信がスピーチの途中で突然要請したのだという（笑）。一人だけスタイリッシュに決めた金子侑司インタビューは女子必見。／1320円（税込）

福岡ソフトバンクホークス

「福岡ソフトバンクホークスイヤーブック2020」（福岡ソフトバンクホークス）

全80ページのうち56ページが首脳陣＆選手名鑑。8ページが広告。ということで、読むべきページがほとんどないのが残念。他球団のように「特別対談」「スペシャルインタビュー」が読みたかった。選手プロフィールに個人応援歌が掲載されている。／1280円（税込）

東北楽天ゴールデンイーグルス

「イーグルス・マガジン2020シーズン開幕特別号」（プレスアート）

他球団と比べると、いわゆる「読み物ページ」が少なく、ひたすらインタビュー企画が続く硬派な作り。対談も豪華で「則本昂大×浅村栄斗」「岸孝之×涌井秀章」「藤田和也×岡島豪郎」「辰己涼介×太田光」などオフィシャルならではの贅沢な人選。／1100円（税込）

の世界

ファンブックの発売は待ちに待った球春到来の合図。
新型コロナウイルス騒動で開幕延期を余儀なくされた2020年。
混乱の中で発売されたファンブックを比較してみよう！

広島東洋カープ

「広島東洋カープ公式ガイドブック「イヤーブック」2020年度版」（広島東洋カープ）

表紙が秀逸。毎年、さまざまな趣向を凝らしてファンを楽しませている広島。今年は田中広輔と大瀬良大地がひたすら恋愛観、結婚観を語り合う対談企画が秀逸。「カープ女子必見!!」と銘打たれているけれど、延々と続く妻帯者ののろけ話は楽しいのかな？／850円（税込）

中日ドラゴンズ

「中日ドラゴンズファンブック2020」（中日新聞社）

与田剛監督インタビュー、高橋周平×柳裕也対談など、ファンブックの王道的構成。注目は150ページの「選手別応援歌」に掲載されているチャンステーマ1。そこには確かに「お前が打たなきゃ〜」と書かれている。詳細は「お前問題」（→p.44）を参照のこと。／1200円（税込）

東京ヤクルトスワローズ

「2020年東京ヤクルトスワローズファンブック」（ヤクルト球団）

インタビューは高津臣吾新監督と石川雅規と村上宗隆など。注目は大のヤクルトファンとして知られる出川哲朗のロングインタビュー。冷静な戦力分析と今は亡きノムさんへの思いを読んでいると「この人はリアルガチのツバメ党なのだな」とよく理解できる。／800円（税込）

千葉ロッテマリーンズ

「千葉ロッテマリーンズ オフィシャルイヤーブック2020」（日刊スポーツPRESS）

サウナーとして知られる石川歩の目標は「年間サウナ100回」、唐川侑己のサインを考えたのはプロレスラーの中邑真輔、三木亮は書道五段、益田直也は自分のことを「バカ」だと思っているなど、細かすぎるトリビアリズム満載の作りで読んでいて飽きない。／1400円（税込）

北海道日本ハムファイターズ

「北海道日本ハムファイターズ オフィシャルガイドブック2020」（北海道新聞社）

注目は旧知の間柄である「栗山英樹×堂場瞬一対談」。栗山監督によれば新聞記者と作家の二足の草鞋を履いていた堂場氏の存在が大谷翔平の二刀流のヒントになったとのこと。ラグビー話で盛り上がる「清宮幸太郎×稲垣啓太」対談も読み応えアリ。／1100円（税込）

オリックス・バファローズ

「オリックス・バファローズ ザパーフェクトガイド2020」（オリックス野球クラブ）

新加入のアダム・ジョーンズのインタビューが面白い。「野球とは準備を怠らずに懸命にプレーすること」という言葉は現役メジャーならではの重み。山岡泰輔×山本由伸対談、お笑い界第七世代のトップである霜降り明星のインタビューも収載。／1000円（税込）

ぶいやねん！【Vやねん！】作

2008年9月に日刊スポーツ出版社から緊急出版された臨時増刊号。正式名称は『08激闘セ・リーグ優勝目前号 Vやねん！タイガース』。この年の阪神は2位に10ゲーム以上もの大差をつけて独走。阪神フィーバーの到来を見込んで発売されたが、最終的には巨人が逆転優勝。典型的な逆フラグとして伝説に。

『08激闘セ・リーグ優勝目前号 Vやねん！タイガース』（日刊スポーツ出版社）

ふぃるだーすちょいす
【フィルダースチョイス】守

日本語に訳せば「野手選択」で、一般的には「野選」と略される。走者がいるケースで、楽々アウトにできる一塁に野手が送球せず、別の塁に送球し、その走者がセーフになったときに用いられる。「野手」の「選択」ミスのこと。

ふうすいかいめい【風水改名】人

2018年オフ、オリックスから日本ハムへ移籍した金子弌大。元々は「千尋」だったが、この移籍を期に「弌大」と改名したことを発表。改名理由は「風水の先生から、"この名前をつけた方がいい人生になる"と言われたから」とのこと。読み方は「ちひろ」のままだが、知らなければ絶対に読めない。

ぶーてき【ブーテキ】グ

笛のように口でくわえて声を出すと「ブーブー」と鳴る応援グッズのこと。かつて、横浜スタジアムや神宮球場では、駅弁販売員スタイルでブーテキを売り歩く名物おじさんがいた。一説によると、そのおじさんはブーテキを開発した会社の社長だという。

ふぇいすがーど【フェイスガード】道

耳当て部分から口元にかけて顔を保護するガードが装着されたヘルメットのこと。また、デッドボールで鼻骨骨折などの重傷を負った際に、顔につける防護用マスクのこと。阪神時代の鳥谷敬（ロッテ）が装着した際には、アメコミのダークヒーローのようで最高にクールだった。

ふぇにっくす・りーぐ
【フェニックス・リーグ】⑤

毎年秋に宮崎で行われている秋季リーグのこと。1990年から「黒潮リーグ」「ハイサイ・沖縄リーグ」「コスモスリーグ」として行われていたものが、2004年からは宮崎に舞台を移して「みやざきフェニックス・リーグ」としてスタート。韓国プロ野球や四国アイランドリーグ、社会人チームも参加して大々的に行われている。

ふぉーてぃー・ふぉーてぃー
【フォーティー・フォーティー】⑨

トリプルスリーが打率・300、30本塁打、30盗塁以上を指すことに対して、「フォーティー・フォーティー」は40本塁打、40盗塁を指す。日本球界にはいまだ誰も達成した者はいないが、メジャーリーグではホゼ・カンセコやバリー・ボンズ、アレックス・ロドリゲスなどが達成している。ぜひ山田哲人(ヤクルト)、柳田悠岐(ソフトバンク)らに期待したい。

ふぉーりある 【FOR REAL】⑭

DeNAが制作、公開している公式ドキュメンタリー映画。球団主導で、試合前後のベンチ裏や練習風景などにカメラが密着。選手たちの知られざる本音や苦悩を余すところなく描く。2012年から2014年までは『ダグアウトの向こう』というタイトルだったが、2016年からは現在のもの。毎年新作が一般劇場公開され、多くの観客動員を誇っている。

2017年シーズンを振り返った横浜DeNAベイスターズ公式ドキュメンタリー映像作品『FOR REAL－必ず戻ると誓った、あの舞台へ。－』(株式会社横浜DeNAベイスターズ)

ふぉるて!【FORTE!】✕

2019年2月に創刊された日本ハムのオシャレなオフィシャルマガジン。隔月15日発行で680円。北海道内の書店やコンビニで販売されており、ファンクラブ会員には無料配布されている。「FORTE」とは「強み」「特徴」を意味する言葉だという。

「FORTE!」2019年3月号
(北海道日本ハムファイターズ)

ふくすうねんけいやく
【複数年契約】⑪

一般的には、シーズンごとに契約する「単年契約」が基本だが、長くチームに在籍してほしい主力選手に対しては、成績にかかわらず一定の年俸を保証する「複数年契約」を提示することが多い。選手サイドとしても、故障で活躍できないシーズンであっても一定の金額が保証されるというメリットがある。その一方で、「ハングリー精神が失われる」「油断や慢心するケースが多い」という批判もある。2019年7月、則本昂大(楽天)は、日本選手ではプロ野球史上最長に並ぶ7年契約を結び、話題に。

ふらいぼーるかくめい

【フライボール革命】打

ゴロではなく、積極的にフライを打つことで長打率を向上させ、より多くの得点を奪おうとする新しい潮流のこと。メジャーリーグにおいては、多くの球団がすでに採り入れている。

ぷらすわんとうひょう

【プラスワン投票】イ

オールスターゲームにおいて、ファン投票、選手間投票、監督選抜各枠の選出選手決定後に、まだ選ばれていない選手をセ・リーグ、パ・リーグ各1名ずつ再びファン投票で選ぶこと。2019年度は、セ・リーグは原口文仁（阪神）、パ・リーグは源田壮亮（西武）が選出された。

ふりーえーじぇんと

【フリーエージェント】制

メディアではしばしばFAと略称で呼ばれ、NPB（日本野球機構→p.126）における国内FA、海外FAの総称。NPBが定める一定条件を満たせば、いずれの球団とも選手契約の締結が可能となる。

ふりーばってぃんぐ

【フリーバッティング】打

打撃投手やマシンのボールを自由（フリー）に打つ打撃練習のこと。

ふりっくまきぎ 【ふりっく巻木】人

スポーツニッポンの阪神担当・巻木周平記者の異名。文春野球（→p.151）においても健筆を奮う。将来性あふれる期待の新星。

ぶるーさんだーだせん

【ブルーサンダー打線】打

関西の名門球団・阪急ブレーブスを経て、1989年に誕生したオリックス・ブレーブスの誇る強力打線の愛称。門田博光、ブーマー・ウェルズ、石嶺和彦、藤井康雄、松永浩美らそうそうたる顔ぶれが並ぶ。球団名がオリックス・ブルーウェーブと改称後、イチローらを擁してパ・リーグを連覇した1995年、1996年の打線を指すことも。

ふるかうんと 【フルカウント】投打メ

3ボール2ストライクのこと。また、野球専門デジタルメディアのこと。同媒体の公式ホームページには、フルカウントとは「ネイティブの人たちの間では"ギリギリ"や"崖っぷち"というニュアンスを込めて使われることがあります。つまり、勝負所という意味合いです」と解説されている。

ふるすいんぐ【フルスイング】打

全力でバットを振ること。俗に「マン振り」と呼ぶこともある。強い打球を打つには絶対必要条件だが、力み過ぎて本来のスイングを崩したり、ボールから目を離してしまったりしては元も子もないので注意。フルスイングが魅力的な選手として、中村紀洋（元近鉄など）、小笠原道大（元日本ハムなど）、柳田悠岐（ソフトバンク）、森友哉（西武）などが挙げられる。

ぶるどっぐ【ブルドッグ】守

ほぼ100％の確率で「相手がバントをしてくる」という場面で、三塁封殺を狙って用いられる守備陣形のこと。具体的には、ランナー一、二塁のケースにおいて、投球後の投手とファーストとサードが打球処理のために猛然とダッシュし、ショートがサードベースに、セカンドがファーストベースカバーに走るシフト。「内野全体を俯瞰したときに一塁手、三塁手が前進する様子がブルドッグの垂れ下がった頬に見えるから」という説や、「猛然とダッシュする姿がブルドッグのような荒々しさを想起させるから」など、語源には諸説ある。

ふるべーす【フルベース】試

すべての塁に走者がいること。つまり満塁のこと。「ツーダンフルベース」といえば、「二死満塁」のことで、転じて「絶体絶命の大ピンチ」状態を指す。

ぷるぺんえーす【ブルペンエース】投

もっとも信頼できる救援投手のエースという意味もあるが、一方ではブルペンではいいボールを投げるのに、試合ではサッパリ結果を残せない投手を揶揄したケースで使われることもある。緊張や恐怖など、プレッシャーを感じてしまうのか、マウンドが合わないのか、理由はさまざまだが残念な存在。

ぶるぺんでー【ブルペンデー】投

中継ぎ（→p.124）投手の継投だけで1試合をまかなうこと。先発投手陣を休養させる意味合いで行われることが多い。

ふ

ぷれい・おぶ・ざ・でー↓ぶろっくさいん

ぷれい・おぶ・ざ・でー
【プレイ・オブ・ザ・デー】⊗

CS放送フジテレビONEにて放送されている『プロ野球ニュース』内の名物コーナー。その日行われた試合での好プレーをまとめて紹介した後に、最も優れたプレーに贈られる賞。誰がどのような基準で選考しているのかは不明。略して「POD」と呼ばれることも。

ぷれーおふ 【プレーオフ】制

シーズンを通じて行われる通常のペナントレース終了後に開催される試合のこと。NPB（日本野球機構→p.126）ではクライマックスシリーズ、日本シリーズがそれに該当する。この間の成績は、タイトルや生涯成績には加算されない。

ふれーみんぐ 【フレーミング】他

ストライクかボールか微妙なきわどいコースの投球を、キャッチャーの巧みな捕球技術によって、球審に「ストライク！」と言わせるスキルのこと。捕球時にミットをわずかにずらしたり、身体をわずかに寄せたりすることで、審判の目の錯覚を誘う。

ぶれないでいりー
【ブレないデイリー】⊗

どんな大事件が起こっても常に阪神情報を一面に持ってくる、「デイリースポーツ」の矜持と報道スタンスをたたえる表現。デイリーの元編集局長は「地球が反対に回っても一面は阪神」という名言を残している。

ぶろっく 【ブロック】守

ホーム突入を目指す走者をアウトにするために、捕手が身を挺してホームベースを死守すること。走者に対して壁になること。以前は迫力ある激突、衝突シーンがしばしば見られたが、現在ではコリジョンルールがあるため、危険なタックルやブロックはほぼ消滅した。

ぶろっくさいん 【ブロックサイン】試

最初にキーとなる箇所を決めておき、その後に触った箇所を実行するサインのこと。たとえば、「キーサインは口」で「ベルトが盗塁」「耳がヒットエンドラン」だとした場合、サインを出す監督やコーチが、耳→鼻→口→ベルト→帽子と触ったとする。さあ、このケースのサインは何でしょう？……………そうです、正解は「盗塁」です。キーサインである口の次に触ったのがベルトだったからです。簡単でしょ？

150

ぷろやきゅうしぼうゆうぎ
【プロ野球死亡遊戯】Ⓟ

同名の個人ブログで驚異のアクセス数を誇るモンスターブロガーにして、気鋭のスポーツライター。大の巨人ファンで文春野球（→p.151）初代チャンピオン。主な著書に『プロ野球死亡遊戯』（文春文庫）、『原辰徳に憧れて ―ビッグベイビーズのタツノリ30年愛』（白夜書房）などがある。

『プロ野球死亡遊戯 そのブログ、凶暴につき』（著：中溝康隆　U-CAN）

ぷろやきゅうばかぼん
【プロ野球バカ本】作

幼い頃から「プロ野球本」を読み漁り、大人になってからは資料用として、今もなお野球本を読み続けている長谷川晶一（→p.134）が命名。古き良き時代のプロ野球選手たちの武勇伝が描かれている本を指し、ノールール、ノーモラル、ノーコンプライアンスが特徴。2018年には108冊の「プロ野球バカ本」をレビューした同名の書籍が朝日新聞出版から発売された。詳しくはp.152〜153を参照のこと。

『プロ野球バカ本　まったく役に立たないブックレビュー！』（著：長谷川晶一　朝日新聞出版）

ふろんと
【フロント】職

プロスポーツにおいて、オーナー、球団社長、事務方などの総称。これに加えて、監督、コーチなどの首脳陣が含まれることもある。しばしば選手とフロントとの対立が表面化し、ファンをやきもきさせることも。類義語は「背広組」（→p.101）

ぶんしゅんやきゅう
【文春野球】Ⓜ

2017年シーズンから突如として始まった文系野球の最高峰リーグ。12球団それぞれに1名が監督となり、年間を通じて「誰のコラムが一番面白いのか？」を競い合う。勝負を決するのは、「このコラムは面白い」と思った読者が押す「HITボタン」の総数。各ライターの意地と執念とイデオロギーが激突。毎年、熾烈な優勝争いが展開されている。初代チャンピオンはプロ野球死亡遊戯（→p.151）氏、2代目チャンピオンは筆者（長谷川晶一→p.134）、3代目チャンピオンはえのきどいちろう氏。

2019年の文春野球ペナントレースでは、筆者率いる東京ヤクルトスワローズが、見事、リーグ優勝を飾った。（「文春野球コラム」https://bunshun.jp/feature/bunshun-yakyu）

ぶんりどらふと
【分離ドラフト】制

2005年から2007年にかけての3年間採用されたドラフト制度。高校生を対象にした指名と、大学生、社会人を対象にしたドラフトが別々に行われた。これにより、特定球団にとっては高校と大学・社会人の逸材を一挙に獲得できるという利点が生じたが、2008年からは現行の統一ドラフトとなっている。

珠玉の「プロ野球バカ本」たち！

151ページに登場する「プロ野球バカ本」の中から、忘れられない「名作バカ本」を
ジャンル別にご紹介。コンプライアンスもモラルもない刺激的なエピソードの数々をご覧あれ！

若気のバカ本

「あの頃君は若かった」と顔を赤らめたくなるような、
若さゆえのエピソードが満載！

おバカ度 ★★★　ピュア度 ★★★　衝撃度 ★★

『平田良介メッセージBOOK　自然体主義』
（平田良介／廣済堂出版／2016年6月15日発行）

自分が大好きな漫画、ゲーム、アイドルについて、熱心に無邪気に語り続ける。好きなアイドルはももクロで動画サイトを見ながら、振り付けの練習をしているという。プロ入り後もゲームに熱中し続け、「ウイイレ」は全国315位、「パワプロ」は全国36位までランキングを上げたそうだ。また、平田の好きな言葉は、まさかの「世界平和」！　その理由は「世界が平和だったら、すごしやすいから」というもの。「戦争が起きたら野球は続けられない」という平田の言葉は、コロナ騒動の今だからこそ、より切実に伝わってくる。

レジェンドバカ本

酒、女、ギャンブル、ケンカなどなど、
昭和の時代のレジェンドたちの武勇伝の数々！

『プロ野球 これはマイクでしゃべれない！』
（掛布雅之／学習研究社／1989年7月20日発行）

「ミスタータイガース」こと、掛布雅之が1989年に発売した問題作。プロ入り直後、18歳だった掛布は「これが習志野の飲み方です」と母校の名前を出して「ビール、日本酒、焼酎、ウイスキーをひとまとめにしてグイッと飲み干した」という。女性関係についても、「浮気じゃなく、常に本気」と力説。今では絶対に出版されない古き良き時代の一冊だ。

おバカ度 ★★★
エッチ度 ★★★
暴露度 ★★★

ほかにも！

『こんな弱い巨人軍にしたのは誰か』
（柴田勲／ワニブックス／1986年5月10日発行）

自らのことを「壊れた信号機でジャイアンツをクビになった柴田です……」と、ヒロシのような自虐ネタから始まる本書。クビになった理由を自ら分析しつつ、巨人に対する提言が続く。恨みがましくなく、不思議とポジティブな読後感は明るく陽気な柴田ならではの才能だろう。

趣味人バカ本

「あなたの本職は一体、何？」と尋ねたくなるような、自らの趣味を熱く語るマニア本！

『屋鋪要の保存蒸機完全制覇』
（屋鋪要／ネコ・パブリッシング／2014年2月4日発行）

「スーパーカートリオ」の一人として大洋、巨人で活躍した屋鋪要は知る人ぞ知る蒸気機関車マニア。北海道から沖縄まで、全国の機関車が登場するが旅情気分はまったく味わえない。なぜなら、そこに写っているのは蒸気機関車だけだから。もちろん、野球要素もほぼ皆無。「元・プロ野球選手」ではなく、「現・鉄っちゃん」としての屋鋪が微笑ましい。

おバカ度 ★★★
ピュア度 ★★★
衝撃度 ★★

ほかにも！

『戦士の休息』
（落合博満／岩波書店／2013年9月17日発行）

大の映画マニアとして知られる落合博満が、あふれる映画愛を包み隠さずに披露。上記の屋鋪本同様、野球要素はほぼ皆無。『男はつらいよ』と『スターウォーズ』シリーズについては「偉大なるマンネリズム」と絶賛。巨匠・山田洋次監督と映画論を熱く語り合う特別対談も収載されている。

文化の違いを乗り越えて、
異国の地・ジャパンで奮闘を続けた助っ人たちの本音！

『さらばサムライ野球』
（W・クロマティ、R・ホワイティング、松井みどり／
講談社／1991年3月1日発行）

現在は巨人のアドバイザーを務めるクロマティだが、現役引退直後にはかつてのチームメイトである巨人ナインをぶった切る一冊を出版。現監督の原辰徳、江川卓、篠塚和典らを実名を挙げて「アイツは嫌いだ」と暴露。禍根を残したはずなのに、今では仲睦まじく原監督と談笑しているクロマティの姿に「時間はすべてを解決してくれるのだ」と知る。

おバカ度 ★★★
衝撃度 ★★★
暴露度 ★★★

ほかにも！

**『ランディ・メッセンジャー
すべてはタイガースのために』**
（ランディ・メッセンジャー／洋泉社／
2018年8月6日発行）

「阪神史上ナンバーワン助っ人」と称されるメッセンジャー。惜しくも2019年限りで退団してしまったが、あふれる「阪神愛」を率直に披露。また、大好物のラーメンについてもまるまる1章分を費やして熱い思いを吐露。彼がファンに愛された理由がよくわかる一冊。

夫は妻を、妻は夫を愛し続ける美しき夫婦愛。
夫唱婦随の愛の物語をご覧あれ！

『女房はドーベルマン』
（野村克也／双葉社／2002年5月25日発行）

あまたある「ノムさん本」の中でも、沙知代夫人への思いが痛切に伝わってくる一冊。夫人が脱税容疑で逮捕された日の生々しい描写から始まり、「名将」ではなく、「一人の夫」としての苦悩が率直につづられている。ノムさんは妻を「ドーベルマンのような女」と称し、「私は妻・沙知代と離婚しない」と宣言。見事に両者は生涯にわたって添い遂げた。

純愛度 ★★★
衝撃度 ★★★
おバカ度 ★★

ほかにも！

『ぼくのヒーロー』
（絵・緒方かな子、作・緒方佑奈、
話・西田篤史／ザメディアジョン／
2018年1月15日発行）

2019年まで広島を指揮した緒方孝市。その夫人で、元タレントの緒方かな子と娘・佑奈さんがタッグを組んだ絵本。大好きなカープ選手の熱いプレーを通じて、主人公の「ぼく」がヒーローに対する思いを募らせていく。かな子夫人の描く夫の胴上げシーンは見ものだ。

「こんなこと言って怒られないの？」
という周囲の声はまったく気にしない！

『球界の野良犬』
（愛甲猛／宝島社／
2011年1月26日発行）

暴走族、シンナー、野球賭博、筋肉増強剤などなど、球界のタブーに敢然と斬り込んだのがロッテや中日で活躍した愛甲猛だ。歯に衣着せぬ筆致で自らの過去の体験を赤裸々に告白。あまりにも生々しすぎて驚いたが、愛甲猛という破天荒な男の豪快な生き方が、ある意味では清々しく感じられる。「書籍版R指定」の一冊として慎重に読んでいただきたい。

おバカ度 ★★★
衝撃度 ★★★
モラル度 ★★★

ほかにも！

『プロ野球買います！ ボクが500億円稼げたワケ』
（堀江貴文／あ・うん／2004年9月23日発行）

2004年の球界再編騒動の際に早々に「近鉄を買収する」と名乗りを挙げたホリエモン。「1リーグ制への移行か、2リーグ制存続か？」と揺れた当時の経緯とホリエモンの考えがよくわかる。旧習にとらわれる球界への提言も多数。いずれもノー忖度で気持ちがいい。

「どうでもいいこと」、
「知らなくても困らないこと」をたっぷり収載！

『審判は見た』
（織田淳太郎／新潮社／
2003年8月20日発行）

審判の間では「球審を1試合やると寿命が「1年縮む」という言葉があるという。本書はそんな審判たちの知られざる姿を描いた一冊。試合中に便意や尿意を催した審判たちの対処法、試合中に走者と衝突した球審のカツラが飛んだエピソードなど、知らなくても困らない、でも知っていたら楽しいウンチクがたっぷり。読後には審判への感謝の念が芽生える。

おバカ度 ★★★
モラル度 ★★★
実用度 ★★

ほかにも！

『甲子園　阪神タイガース大事典』
（由倉利宏／中央公論社／1999年5月25日発行）

「甲子園」の「子」の字に「゛」がつけられ、「こうじえん」と読ませるタイトルが秀逸。本書は大の阪神ファンである著者が、皮肉と愛情をにじませながら、阪神の歴史を多彩なエピソードで振り返る。事典形式の「ウンチク本」という意味では、本書『プロ野球語辞典』の大先輩だ。

へいこうかうんと【平行カウント】試

はたして、「平行」なのか、それとも「平衡」、あるいは「並行」なのかずっと悩んでいた。そこで旧知の仲である某スポーツ紙のデスクに尋ねたところ、「平行です」とのこと。ボールカウントとストライクカウントが同じことを指すものだが、これも「ノーボール・ノーストライク」も含めるのか、それとも「ワンボール・ワンストライク」「ツーボール・ツーストライク」だけを指すのか、よくわからない。再び尋ねてみると、「1-1、2-2のこと」と教えてくれた。スッキリした。

べいさいどあれい
【BAYSIDE ALLEY】場

2019年に横浜スタジアムに新設されたライト側応援席。ここに直結するスタンド3階にはオリジナルメニューが楽しめるフードエリアが充実。急勾配のため足元に注意が必要。特に雨の日はご注意を！

へいせいのかいぶつ
【平成の怪物】人

昭和の怪物が江川卓（元巨人）なら、平成の怪物は松坂大輔（西武）。ちなみに、令和の怪物は佐々木朗希（ロッテ）。詳しくはp.23を参照のこと。

べいびー・しゃーく
【ベイビー・シャーク】八

世界中で大ブレイクしている幼児向け童謡「ベイビー・シャーク」。一度聞くと、しばらくの間は頭から離れなくなる中毒性の高いメロディが特徴。この曲を登場曲としているのが森友哉（西武）で、メットライフ

ドームでは彼の登場時にファンが一体となって「サメダンス」（→p.81）を踊る。

べーすぼーるがたじゅぎょう
【ベースボール型授業】他

小学3年生から6年生の体育の授業で行われる必修課程。子どもの野球離れが問題視されていた2011年に採用された。「捕る」「投げる」「打つ」「走る」といったさまざまな動きを通じて、子どもの健やかな成長を促すもの。現在ではNPB（日本野球機構→p.126）が主体となって教師向けの指導用教材も作られている。

べーすぼーるきんぐ
【ベースボールキング】メ

野球情報サイト。大阪桐蔭高校・西谷浩一監督インタビューなど、独自の企画記事に定評がある。運営はフロムワン。

べーすぼーるちゃんねる
【ベースボールチャンネル】メ

野球専門のインターネットメディア。日々の最新ニュースはもちろん、「えのきどいちろうのファイターズチャンネル」など、連載コラムが充実。同名の雑誌を発行する㈱カンゼンが運営。

べーすぼーる・まがじんしゃ
【ベースボール・マガジン社】メ

野球界に多大な影響力を持つ老舗スポーツ専門出版社。1951年設立。戦前に雑誌『野球界』の編集長を務めていた池田恒雄が創刊した「ベースボール・マガジン」は現在も刊行されている。1958年には「週刊ベースボール」を創刊。選手、関係者も愛読し、プロ野球ファンに愛され続け、日本の野球文化の発展に寄与している。

べすとないん【ベストナイン】 タ

NPB（日本野球機構→p.126）の公式表彰の一つで、正式には「ベストナイン賞」と呼ばれる。シーズンで好成績を残した選手を各リーグ、ポジション別に記者投票で選出する。また、名古屋には同名の野球居酒屋（→p.169）がある。

へっどこーち【ヘッドコーチ】 職

すべてのコーチの中心となる存在。試合の作戦に関する参謀として監督の右腕となり、同時に各コーチ間の情報共有を密にしつつ、選手との積極的なコミュニケーションも欠かさずに、コンディションの把握に努める。強いチーム作りのために欠かせない存在。

べてらん【ベテラン】 人

豊富な経験と実績を誇り、その道に熟達した人のこと。「ここぞ」という場面では実に頼りになる存在だが、若手選手が台頭すると一気に出番が失われ、そのまま現役引退に追い込まれることも。世のお父さんたちはベテランの奮闘に我が身を重ね合わせて、熱烈に応援。そして涙する。

ぺぺど【ペペド】 場

2020年2月29日から、福岡ドームの新名称は「福岡PayPayドーム」に改称された。公式的には「略称はPayPayドーム」と発表されているが、一部ファンの間ではさらに短縮形の「ペペド」と呼ばれている。

へんそくふぉーむ【変則フォーム】 投 打

簡単にいえば、子どもが真似したくなるような「変なフォーム」のこと。昭和時代ならば「マサカリ投法」と呼ばれた村田兆治（元ロッテ）、平成時代は「トルネード投法」と称された野茂英雄（元近鉄など）。もちろん、打撃フォームにも使用され、「コンニャク打法」の梨田昌孝（元近鉄）、「振り子打法」のイチロー（元オリックスなど）など多数。最近では楽天の助っ人、ジャバリ・ブラッシュも「変な打ち方」の一人。

べんち【ベンチ】 場

一塁側、三塁側にそれぞれあり、試合に出ていない選手たちが控えて戦況を見守る場所。類義語は「ダッグアウト」。

ぼうぎょりつ 【防御率】投

ある投手の1試合（9イニング）当たりの自責点を示す数値。数字が少なければ少ないほどいい。計算式は「（自責点÷投球回数）×9」。たとえば、防御率1.00の投手は9回を投げて自責点はわずかに1で、防御率5.00の投手なら1試合当たりに自責点5を記録する計算になる。

ぼうだま 【棒球】投

「ぼうだま」と読む際には打者にとってヒットが打ちやすい威力のない投球のこと。また、「ぼうきゅう」と読めば中国語で「野球」のことを指す。

ほーむべーす 【ホームベース】道

五角形で作られたゴム製のベース。「本塁」「ホーム」とも呼ばれる。逆さから見ると家の形をしていることから名付けられたという説がある。蛇足ながら、かつて詩人の寺山修司はホームを目指して男たちが死闘を繰り広げるプロ野球中継を称して、「格好のホームドラマだ」と表したことがある。

ほーむらんてらす
【ホームランテラス】場

2015年、当時のヤフオクドームで導入された迫力満点のシート。より多くのホームランが飛び出すように、外野フィールドを狭くし、外野スタンドを拡張した席のこと。2019年からはZOZOマリンスタジアムに同様の「ホームランラグーン」（→p.156）

が新設され、ホームランが激増。典型的な「ヒッターズパーク」（p.141）に。

ほーむらんらぐーん
【ホームランラグーン】場

ZOZOマリンスタジアムに2019年に新設された新たな席種。外野のグラウンドレベルに位置し、背中には応援団の大歓声、目の前には外野手の迫力あふれるプレーを堪能できる。全席テーブルつきで、謳い文句は「まるで4人目の外野手になったような臨場感」。

ぼーるでっど 【ボールデッド】ル

ファウルボールやデッドボールなど、ルールによって試合が停止され、プレーが無効となる時間のことを指す。ボールデッドになるのは、審判が「タイム」を宣告したとき、打球がファウルゾーンに飛んだとき、ボークの場合、投球や送球がプレイングフィールドの外に出たケースなど、さまざまである。

ぽすてぃんぐしすてむ
【ポスティングシステム】制

FA権（フリーエージェント→p.148）を持たない選手が海外リーグに移籍する際に、所属球団が行使する権利。これまでにイチロー（元オリックスなど）、松坂大輔（西武）、ダルビッシュ有（カブス）らが、このシステムによってメジャー移籍を実現。

ほっとこーなー 【ホットコーナー】 守

強烈な打球が飛んでくることの多い三塁のこと。または三塁手のことを指すケースも。

ほめん 言

某野球解説者がテレビ中継において、何度も発言し、「一体、何の意味だろう？」と疑問に思っていたが、どうやら「パスボール」を意味する「捕逸」のことを指しているらしい。全国の野球少年少女のみなさん、正しくは「ほいつ」と読むんですよ。

ぽりばけつぶるー

【ポリバケツブルー】道

西武の黄金時代のビジターユニフォームの水色のことを指す俗称。強すぎた西武の象徴であり、この色を見ると、ある一定の年代は何とも言えない郷愁を覚えるはずだ。

ぽりばれんと 【ポリバレント】 役

元々は化学分野で使われていた用語だが、サッカー日本代表のイビチャ・オシム元監督が「複数のポジションをこなすことのできる選手」を指す意味で使用したことで話題に。野球界では巨人・中川皓太を指す言葉として注目されている。これまでのような「9回限定クローザー」ではなく、中川の場合は8回でも、9回でも、回跨ぎ（→p.47）でも、どんな場面でも対応することから、「球界初のポリバレントクローザー」と呼ばれている。類義語は「ユーティリティプレーヤー」。

ぼるしんがー 【ボル神ガー】 人

2018年から2019年までロッテに在籍したマイク・ボルシンガーの異名。来日初年度には13勝2敗という驚異的な成績で最高勝率のタイトルを獲得。ファンからは「ボル神ガー」とあがめられ、球団からもさまざまな「ボル神ガー」グッズが発売された。

ほわいとあっしゅ 【ホワイトアッシュ】 道

野球のバット材の一種。かつて、日本人選手はヤチダモやアオダモなど日本産の原木からなるバットを使い、アメリカではホワイトアッシュやメイプルが使われていた。しかし、アオダモ材の枯渇により、近年では日本でもホワイトアッシュやメイプルを使用する選手が多い。

バットの木材は、原料となる木の種類に限らず生育地によっても、堅さや打球感が異なることがある。

ぼんじてってい 【凡事徹底】 言

何でもないようなこと、ささいなことでも徹底的に行うこと。当たり前のことをとことん極めれば、きちんと結果が残せるという意味で用いられる。前橋育英高校の荒井直樹監督の著書のタイトルにもなっている。ヤクルト黄金時代の立役者でもある野村克也（元南海など）は常に選手たちに凡事徹底を求めた。

『『当たり前』の積み重ねが、本物になる 凡事徹底――前橋育英が甲子園を制した理由』（著：荒井直樹　カンゼン）

野球×物理用語

現役リケジョで、某球場の現役ビール売りというかれん先生が教える「野球」と「物理」の深ーい関係。森羅万象、すべての現象は物理で解明できるのだとか。さぁ、スタート！

プロフィールはp.72へ

運動エネルギー【うんどうえねるぎー】

動いている物体が持つエネルギーのこと。式より質量、速さの値が大きいほど、エネルギーは大きくなります。バットを重くしたりスイングスピードを上げることによってバットの運動エネルギーは大きくなります。

「バットの運動エネルギーが大きい」ことで、より「パワー」が生まれる。パワーが大きければ、それだけ強くて飛距離のある打球を打つ可能性が高いということですかね。たぶん（笑）。

$$K = \frac{1}{2}mv^2$$

作用反作用の法則
【さようはんさようのほうそく】

物体Aがもう1つの物体Bに力を加えると、物体Aは物体Bから一直線上に加えた力と同じ大きさの逆向きの力を受けることを言います。打者がボールを打つ瞬間、バットからボールに力が加えられると同時に、球には反作用としてバットを押し返す力が働いています。

バットとボールが接地している瞬間にのみ起こる法則ということかな。ミートした瞬間には同じだけの力が押し返す力としてキャッチャー方向に、押し出す力として、グラウンド方向に働いているんだね。

反発係数
【はんぱつけいすう】

2つの物体が衝突するとき、衝突前後の相対速度の大きさの比を示しています。跳ね返りが大きいものほど反発係数の値も大きくなります。ボールの反発係数は一定だと思われますが、バットは材質がさまざまなので反発係数はそれぞれ異なります。木製バットより金属バットが飛ばしやすいのは反発係数が大きく関係しているんです。

上からボールを落としたときにどの程度跳ね返るか？　あるいはバットに当たった際にどの程度飛ぶのかで反発係数が決まるということ。ちなみに、公認野球規則で規定されているボールの反発係数は「0.4034から0.4234以内」となっていますね。

力学的エネルギー保存則
【りきがくてきえねるぎーほぞんそく】

運動エネルギーと位置エネルギーの総和のこと。保存力（重力や弾性力などの力）以外の力が仕事をしない時、全力学的エネルギーは運動の前後で保存され一定に保たれます。力学的エネルギーは他のエネルギーに変換されることはありますがエネルギー自体の総和は変わりません。例えばピッチャーの投げるボールをミットで受けると音がなりますよね。これはボールが持つ力学的エネルギーが音のエネルギーなどに変換されているということが言えます。

かれん先生の解説で新鮮な驚きだったのが、「ボールの持つ力学的エネルギーが別のエネルギーに変換される」ということ。野球の例で言えば、打った瞬間、捕食した瞬間の「音」がそう。一般的にわかりやすいのは、風力発電のように風力を「電気」に変える発電もその一例なのだそう。

運動量保存の法則
【うんどうりょうほぞんのほうそく】

一直線上に運動している2つの物体が衝突して速度が変化したとしても、衝突前と衝突後の運動量の総和は変わらないという法則です。運動量は物体の質量と速度を掛け合わせたもので、例えばバットの運動量は、バットの質量とスイング速度で示すことができます。インパクト前のバットの運動量が大きいほど打球速度も大きくなり長打を見込めたりします。

スミマセン。僕の能力ではよく理解できませんでした（涙）。先生の解説で「長打を見込めたりします」というのは、いくらバットの運動量が大きくて打球速度が速くても、打球角度によってはアウトになる可能性もあるから。確かに力強いスイングをしても、ポップフライでアウトになるケースはしばしばあるからね。

慣性モーメント
【かんせいもーめんと】

物体が回転しようとする時、回転のしにくさ（しやすさ）を示すのが慣性モーメントです。同じ質量のバットでも、バットの重心がどこにあるのかによって回転しにくさが異なります。これは重ければ重いほど、回転の中心から重心との距離が遠ければ遠いほど値は大きくなります。慣性モーメントが小さいほど回転させやすいため振りやすいバットと言えますね。

かれん先生は「半径が小さいほど慣性モーメントも小さい」と教えてくれた。具体的には慣性モーメントが小さいほどバットは振りやすく、大きくなればなるほどスイングしづらいのだそう。フィギュアスケートで言えば、ジャンプの際に手を大きく伸ばすのではなく、胸の前でクロスさせるのは「半径を小さくして、慣性モーメントを小さくするため」、つまり、「より多く回転するため」なのだとか。なるほど。

マグヌス効果【まぐぬすこうか】

回転しながら進む物体にはその物体の進行方向に対して揚力（垂直な力）が働いています。揚力によって球筋が変わるので、ボールの回転方向が異なれば曲がり方もそれぞれ。例えば、ストレートを投げるにはボールにバックスピンをかけますね。するとボールの上部は空気の流れに沿った回転をするので空気による抵抗は少なく、下部は空気の流れと逆向きの回転をするため、強い抵抗がかかります。するとボール上部は空気の流れがあるので圧力が低く、下部は圧力が高くなる影響でボールには少し浮き上がる揚力が働きます。"手元でホップするストレート"とはまさにこのことですね。簡単に言うと回転軸を変化させる事によってさまざまな球種に展開していくことができるということですね。

回転軸や回転数によって、ボールの軌道はさまざまに変化するのだから、投手は投球の際に、この効果を上手に活用すれば理論上は思い通りの変化球が投げられるということ！

ま

まえけんたいそう【マエケン体操】他

ドジャース・前田健太による、独特過ぎるウォーミングアップのこと。前傾姿勢で肩とひじを高速回転させながら、手首をブラブラさせる一連の動きを指す。これにより、肩甲骨の可動域を広げ、柔軟性が高まり、ケガも手投げも予防できるのだという。

まえてぎゅんだほう
【前テギュン打法】打

かつて、松田宣浩（ソフトバンク）が実践していた打法で、ボールを前でとらえて両手でギュンと押し込む打ち方のこと。松田曰く、「両手が伸び切ったところでボールをとらえるのが一番飛距離が出る」とのこと。2010年から2011年までロッテに在籍していた金泰均の名前をもじってネーミングされた。

まくはりのあんだせいぞうき
【幕張の安打製造機】人

「安打製造機」（→p.31）の派生形で、2019年限りで現役を引退した福浦和也（ロッテ二軍ヘッド兼打撃コーチ）のこと。2001年には首位打者を獲得し、引退までに現役通算2000安打ジャストを記録した。ちなみに、ロッテ関係者を称するときにはしばしば「幕張の○○」という表現がなされる。たとえば、小林雅英は「幕張の防波堤」と呼ばれ、「幕張のお天気番長」といえば、マリンスタジアム名物のもつ煮でおなじみの曽根太一氏のことを指す。

ますこっとばっと【マスコットバット】道

素振り用の重いバット。これを振ることでパワーをつけ、通常のバットを使用した際に普段よりも軽く感じることができる。ネクストバッターズサークルやティーバッティングで使用する選手もいる。トレーニングバットとも。

通常のバットより200〜300g重く作られている。

ますたーあべ【マスター阿部】Ⓟ

「バーのマスターのような風貌だから」という理由で「マスター」と呼ばれているのが中日の阿部寿樹。命名したのは「つとむぅ」（→p.113）こと伊東勤ヘッドコーチ。伊東コーチの絶妙なネーミングセンスにほれぼれする。昭和期の「マスター顔」といえば木下富雄（元広島）だったが、令和期は阿部で決まりだ。

まっしーむらかみ【マッシー村上】Ⓟ

「アジア人初のメジャーリーガー」と称される村上雅則（元南海など）のアメリカ時代の愛称。プロ3年目となる1963年に渡米。1964年から翌1965年までサンフランシスコ・ジャイアンツでプレーして、2年間で5勝1敗9セーブを記録した。本人もジャイアンツサイドも再契約を望んだものの、かつて所属していた南海サイドの強い要望があり1966年から日本球界に復帰。以来、1995年に野茂英雄が渡米するまで、唯一の日本人メジャーリーガーだった。

まっすら【真っスラ】投

真っ直ぐ（ストレート）のようなスライダーのこと。いや、スライダーのような真っ直ぐのこと。両者の中間のような変化をするボール。横への変化としてカットボールもあるが、こちらは意図的に曲げるのに対して、真っスラの場合は自然に変化するケースが多い。類義語として「スラッター」（→p.98）がある。

まっと【Matt】Ⓟ

巨人のエースとして活躍した桑田真澄のご子息。父がリハビリのために弾いていたピアノに感化されて音楽を始める。堀越高校、桜美林大学でも音楽を続けたが、大学時代からモデルとしての活動も開始。独特過ぎる美意識と、その白すぎるメイクが話題に。2019年にはワイモバイルのCMで父と共演を果たす。

まつやまちゅうおうこうえん ぼっちゃんすたじあむ

【松山中央公園坊っちゃんスタジアム】場

坊っちゃんスタジアムは、松山中央公園野球場の愛称。両翼99.1メートル、中堅122メートルを誇り、30000人を収容可能。ヤクルトが公式戦や秋季キャンプ（→p.87）を行っており、古田敦也の2000安打達成記念碑も。夏目漱石の小説『坊っちゃん』がその由来で、サブグラウンドとして「マドンナスタジアム」も併設されている。しばしば「坊ちゃん」と誤表記されるが、正しくは「坊っちゃん」。

予讃線市坪駅降りてすぐに位置する。色の心理的効果を考慮してテーマカラーを青にするなど、設計の随所にこだわりが見られる。

まねー・ぼーる【マネー・ボール】㊜

オークランド・アスレチックスのビリー・ビーンGMがセイバーメトリクスを活用しながら強豪チームを作り上げていく過程を描いた2003年のベストセラー書籍。財力のない球団が勝つためにはどんな点に注意すればいいのか？　実話を忠実に描いたことで、日本でも大きな話題となった。2011年にはブラッド・ピット主演で映画化された。

『マネー・ボール〔完全版〕』
(著：マイケル・ルイス　訳：
中山宥　早川書房)

まりんがんだせん
【マリンガン打線】㊜

ボビー・バレンタイン監督の下、2005年に日本一に輝いたロッテ打線の俗称。一番・西岡剛、二番・堀幸一、三番・福浦和也（幕張の安打製造機→p.160）、四番・サブロー、五番・マット・フランコ、六番・ベニー・アグバヤニ、七番・李承燁（イスンヨプ）、八番・里崎智也、九番・今江敏晃と続く超強力打線は他球団の脅威だった。

まりんわーるどうみのなかみち
【マリンワールド海の中道】㊜

福岡県福岡市にある水族館のことで、正式名称は「株式会社海の中道海洋生態科学館」という。1989年に開館し、地元の人気スポットとなっている。この水族館の期間限定イベントで、デスパイネ（ソフトバンク）はイルカに「甲斐拓也」（→p.47）と命名した。ちなみにアオウミガメには「モイネロ」と命名。

イルカショーでは、息の合ったイルカの大ジャンプが見られる。

まんるいおとこ【満塁男】㊟

満塁の場面で無類の勝負強さを誇る選手の異名。かつては、巨人や横浜で活躍した駒田徳広がこう呼ばれていたが、近年では2019年シーズン終了時点ですでに通算20本の満塁ホームラン日本記録を誇る、中村剛也（西武）のことを指すようになった。

みーとぐっばい 【ミートグッバイ】言

「肉離れ」の英訳。もちろんデタラメ英語。一説には長嶋茂雄（元巨人）が現役時代に語ったというが、真偽のほどは定かではない。2017年には人気番組『世界の果てまでイッテQ！』（日本テレビ系）においてNEWSの手越祐也が発言して話題に。

みおくる 【見送る】打

野球動詞の一つで「投球に対して打者がボールに手を出さないこと」、あるいは「フォールラインギリギリの打球をあえて捕球しないこと」などを指す。バットを振らずに三振することは「見送り三振」と呼ばれる。「見逃し三振」との違いは諸説ある。

みきたにふぁっくすそうどう
【三木谷FAX騒動】史

しばしば、「楽天・三木谷浩史オーナーは監督宛てにその日の試合の打順をファックスで送りつけている」と、まるで都市伝説のようなウワサが流れている。真偽のほどは定かではないが、かつて楽天監督を務めたデーブ大久保はインタビューにおいて、「現場介入ではなくアドバイスをくれる」と発言。三木谷氏の情熱を好意的に受け止めている。

みすたー 【ミスター】人

英語における男性の敬称の一種であるこの言葉も、野球界では「長嶋茂雄」を意味する言葉に早変わり。また、「ミスタースワローズ」は若松勉、「ミスターカープ」は山本浩二を意味するなど、その球団を代表するレジェンドに用いられるケースもある。

みせれん 【見せ練】他

課題克服や技術力向上のための意義のある練習ではなく、監督やコーチ、ファンに対して、「僕はこんなに頑張っていますよ」とアピールするための練習のこと。「やってる感」は満載だが、技術向上は決して見込めない。類義語は「スタンドプレー」（→p.96）。

みどる 【ミドる】イ

神宮球場をヤクルトのイメージカラーである緑色一色に埋め尽くそうというヤクルトの恒例イベント「TOKYO燕プロジェクト」のキャッチコピー。2017年、翌2018年のイベント期間中に劇的なサヨナラ勝利が続いたため、2019年には「二度あることは、三度る（ミドる）」と使われた。

みのさん 【打】【人】

「見逃し三振」の略称。また、『珍プレー・好プレー』（フジテレビ系）のナレーションでおなじみの、みのもんた（→p.164）のこと。

みのもんた 【人】

かつて、『プロ野球ニュース』（フジテレビ系）の週末MCを担当。また、『珍プレー・好プレー』（フジテレビ系）での絶妙なナレーションで、一躍、お茶の間の人気者に。平成期には、日本を代表するMCとして各局の人気番組を総なめしていた。

みらくるげーむにき
【ミラクルゲームニキ】【人】

メットライフドーム名物の熱狂的西武ファン男性のこと。外崎修汰が打席に入る際に流れるTUBEの『Miracle Game』に合わせて、全身を使ったキレッキレのダンスを披露したことで名づけられた。福岡県出身、1985年生まれの34歳。「ミラクルゲームおじさん」と呼ばれることも。

みらくるじゃいあんつ どうむくん
【ミラクルジャイアンツ童夢くん】【作】

1989年から1990年まで日本テレビ系列で放送された野球アニメ。原作は石ノ森章太郎。伝説の名投手を父に持つ新城童夢が、小学生にして巨人に入団し、中畑清、原辰徳ら実在の選手たちとともに死闘を繰り広げながら優勝を目指すストーリー。いち早く童夢の才能を見出した江川卓が魔球開発に協力するなど、要所要所でキーパーソンとして登場する。ちなみに童夢くんの背番号は「1/2」。

みれにあむせだい
【ミレニアム世代】【人】

2018年の甲子園を彩った2000年生まれのスター選手たちの総称。大阪桐蔭・根尾昂（中日）、大阪桐蔭・藤原恭大（ロッテ）、報徳学園・小園海斗（広島）、金足農・吉田輝星（日本ハム）などなど期待の新鋭がズラリ。この中から球史に残る大選手になるのは誰か？

みんぞくだいいどう
【民族大移動】【八】

西武球場の名物だった西武ファンによる応援スタイルの俗称。チャンステーマ2に合わせて、西武ファンが右に左に大移動することから名づけられた。交流戦における神宮球場のレフトスタンドでは、外野最上段だけでなく、中段通路でも大移動が行われるので壮観。

む

むかえにいく【迎えに行く】🔴打

打撃において、黙って待っていればボールはこちらに向かってくる。しかし、どうにも待ちきれずに、上体が突っ込んでボールを打とうとすることを「迎えに行く」と表現する。上体がピッチャー側に突っ込んでしまうことで、回転軸がブレてしまって理想のスイングができなくなり、凡打に終わりがち。打撃の理想は決して迎えに行かずにこちらに向かってくるボールを待ってスイングすることなのだ。

むかんきゃくじあい【無観客試合】🔴試

文字通り「観客のいない試合」のこと。2011年の東日本大震災の影響で、震災直後には各地で観客を入れずに試合が行われた。また2020年の新型コロナウイルス(新型コロナウイルス対策連絡会議→p.90)騒動においても同様の措置がなされた。

むしょうとれーど【無償トレード】🔴他

通常のトレード(→p.120)の場合、「選手対選手」「選手対金銭」の形で行われるが、選手交換や譲渡金の支払いなく、無償で選手がチーム間を移籍するトレードのこと。2003年オフ、当時ダイエーの主砲だった小久保裕紀が巨人へ無償で移籍し、話題となった。その理由はいまだに不明。

むねおぼーる【ムネオボール】🔴投🔴人

2001年から2009年まで西武の中継ぎ(→p.124)投手として活躍した三井浩二の決め球。北海道足寄郡出身の三井の後援会長である鈴木宗男が由来だったが、鈴木の不祥事により変更を余儀なくされ、その後は地元の英雄である松山千春にちなんで「チハルボール」と改称。球種としてはシンカーのような変化をする。

むらかみさま【村神さま】🔴人

2019年に大ブレイクを果たし、見事に新人王を獲得した村上宗隆(ヤクルト)をたたえる呼称。19歳とは思えぬ堂々とした風格で、10代の本塁打記録を次々と塗り替えた。未来の侍ジャパン四番候補として期待したい。

めいぷる【メイプル】道

主にカナダで産出されるバット材。耐久性があり、軽くて折れにくいのが特徴。日本産のアオダモ材が枯渇している現在、愛用者が急増している。かつて、バリー・ボンズ（元ジャイアンツなど）がメイプルバットを使用してホームランを量産したことで有名に。

メイプルのバットは多くの選手に愛用されている。少し堅めのハードメイプルもある。

めいよかんとく【名誉監督】役

長年チームに功績のあった監督が退任した際に球団から贈られる名誉職のこと。長嶋茂雄は巨人の終身名誉監督で、楽天を率いた野村克也も、2010年に名誉監督に就任したものの2012年に退任している。

めだる【メダル】他

各種大会において優秀な成績を残した者だけが手にすることのできる栄光の証。2021年東京オリンピック、目指すは黄金のメダルだ。

選手が偉業を成した記念にメダルが作られることもある。写真は、福浦和也（元ロッテ）が2018年に2000安打を達成したときに配布された記念メダル。

めもらびりあ【メモラビリア】グ

元々は「記念品」の意味を持つ英語で、スポーツや芸能など、コレクションの対象となるアイテムのことを言う。選手の直筆サインボールや実使用ユニフォームなどがそれに当たる。球団やベースボール・マガジン社（→p.154）の公式グッズとして発売される一方で、ネットオークション上では不正な転売品やニセモノも横行しているので注意が必要。

宮本慎也（元ヤクルト）の2013年の引退試合の際の記念ボール。直筆サイン入り。

めんばーひょう【メンバー表】試

試合に出場するメンバーの守備位置、打順が記された一覧表。試合前に両チームの監督同士で交換する。

もりふくのじゅういっきゅう【森福の11球】史

2011年日本シリーズ第4戦で森福允彦が見せた渾身のピッチングの俗称。2対1とソフトバンクのリードで迎えた6回表。中日は無死満塁のチャンスを作り出す。ここでマウンドに上がった森福は代打・小池正晃を空振り三振、平田良介をレフトフライ、谷繁元信をショートゴロとわずか11球で完璧に抑えた。伝説となった「江夏の21球」や、「内藤の16球」（→p.123）など、「○○の○球」のひとつとして今もなお語り継がれている。

12球団ファンクラブ10年史 2011〜2020

2005年から全球団のファンクラブ（FC）に入会して、2020年で16年目。
過去10年間の各球団のFCの特徴、変遷史をまとめてみた！

セ・リーグ

読売ジャイアンツ

「球界の盟主」は「FC界の盟主」でもあったが、それも今や昔の話。18年のCLUB G-PO10周年までは独自路線の特典が目を引いたが、19年からの改革が裏目に出て20年も無個性FCに。このままの路線なのか、改善されるのか？ 要注目だ。

横浜DeNAベイスターズ

12年に親会社がDeNAに変わったことでFCも抜本的な改革がなされた。チケット争奪戦が激化する中で観戦特典を充実させ、特典グッズも「トートバッグ」などの定番から「キャッチャーミット」「ファーストミット」など独自路線まで大充実。

阪神タイガース

徹底的に「ミズノ製特典」にこだわる阪神FC。募集開始、特典発送も12球団有数のスピードを誇り、15万人を超える大所帯を迅速に処理する運営能力もピカイチの優良FC。観戦プレゼントはあるものの高倍率のため、一度も当たったことがない。

広島東洋カープ

16年からのリーグ3連覇を受けて人気急上昇中。FC史に残る伝説グッズも多い。特典は常に「オリジナルユニフォーム」だが、コットン素材だったり、ほぼパーカだったり、創意工夫が楽しい。定員も年々増え続け、20年は5万3000人となった。

中日ドラゴンズ

これまで、12球団で唯一「紙製会員証」にこだわり続けていたが、18年からはついにプラスチック製に転換。16年にはようやくポイント制度を導入、17年からは特典グッズも「複数選択制」となった。少しずつだが着実に優良FCの道を歩んでいる。

東京ヤクルトスワローズ

15年にFC改革を断行。「スワローズクルー」は観戦特典、優良グッズ、ポイント制度など、数多くの特典をそろえ12球団有数のFCに。特にポイントシステム「スワレージ」はポイントに応じた交換グッズが大充実。随時新アイテムが追加されている。

パ・リーグ

埼玉西武ライオンズ

毎年、ハイセンスな特典グッズが特徴。19年には球界初となる「ステテコ」を特典とした。他にも「目覚まし時計」「オリジナルDVD」など楽しいグッズがたくさん。しかし、近年は観戦特典は緩やかにサービス度が減少しつつある点が気がかりだ。

福岡ソフトバンクホークス

チームが優勝するたびに、急遽追加される「臨時特典」が嬉しい。12球団で唯一、ファーム専門FCを創設。19年には球界初となる「本革トートバッグ」を特典とするなど挑戦心も忘れない。12種類から選べる「複数選択制」は他の追随を許さない。

東北楽天ゴールデンイーグルス

05年の球団発足当初は他球団の模倣からスタートしたものの、少しずつ独自色を展開中。15年には「ステイタス制度」を導入、17年には高級種別「スーパーゴールドクラブ」を創設。18年には改革を断行し「チームイーグルス」創設。今は変化の途上。

千葉ロッテマリーンズ

当初は超優良FCの名をほしいままにしたが、近年は若干の停滞期。しかし、16年から始まった「FCデー」の来場特典は「超」がつくほどの大盤振る舞い。19年には「Mポイントステージ制」を導入。ステージが上がるごとにさまざまな優遇が。

北海道日本ハムファイターズ

各球団がさまざまな趣向を凝らす中で、日本ハムだけは「ルーターズ会員」「キッズ会員」の2種別のみにこだわる。かつては単一アイテムのみだったが、今では有数の「複数選択制」のFCに。20年特典の「2WAYランタン」は台風時にとても役立った。

オリックス・バファローズ

2種別しかない日本ハムとは対照的にオリックスは全7種別17コースと多種多彩。2020年特典にはエポック社とコラボした「オリジナル野球盤」が。16年には球界初となるペットが入会する「わんにゃクラブ」を創設。FC界に激震が走った。

忘れじのアイテムたち！
筆者お気に入りファンクラブ特典グッズ6選

全球団のファンクラブ（FC）に入会して以来、多くのグッズを手にしてきた。
これまで手にした数々の特典グッズの中から忘れじのアイテムたちを紹介したい。

黒ひげ危機一発 ジャイアンツバージョン
（巨人・2012年）

タカラトミーの名作玩具「黒ひげ危機一発」と夢のコラボ。黒ひげおじさんが巨人のユニフォームを着ている。この頃の巨人FCにはまだ遊び心満載の挑戦的な特典が多かった。

オリジナル スウェットジャケット
（西武・2011年）

ウエストが締まったシルエットがカッコいい。ジップチャームは黄金に輝く球団ペットマークで、ディテールへのこだわりもすばらしい。長年、愛用してもくたびれない耐久性も◎。

レオとライナの ステテコ
（西武・2019年）

ジャンパーやパーカなど上着が当たり前の時代に、あえて下着を特典とした冒険心に感激。それまでステテコなんて履いたことなかったけど、実際に着用してみるとホントに快適。

サイン刻印入り バット（阪神・2014年）

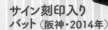

継続10年以上の会員だけが入会できる「ダイヤモンドプラス会員」。その創設初年度の特典が、選手のサインが刻印された黒塗りのバット。木製台座とともに重量感あふれる作り。

Gボックスチェア（巨人・2017年）

入会案内書には「椅子としても活用できるオシャレな収納ボックスです」と書かれている。オシャレかどうかは別として、実に便利で実に斬新な逸品。この頃の巨人FCはホントによかった。

ファーストミット
（DeNA・2020年）

18年キャッチャーマスク、19年キャッチャーミットと続き、20年はファーストミットが特典に。これらのアイテム、いずれも軟式野球で実際に使えるもの。ぜひ、この路線を今後も邁進してほしい。

や

やきゅういざかや【野球居酒屋】⑨

スポーツバー、スポーツ酒場の中でも野球観戦に特化した居酒屋のこと。野球中継を見ながら酒を呑み、仲間とワイワイにぎやかに楽しめる、野球ファンにとっては夢の空間。全国各地で趣向を凝らした店が展開されており、「リリーズ神田スタジアム」（→p.45）もその一種。

やきゅうおおぎり【野球大喜利】⑩

週刊「アサヒ芸能」（徳間書店）の好評連載で、漫画家のカネシゲタカシ氏が主催する野球ネタ専門大喜利のこと。「こんな自主トレはやらない方がマシ」「野球バカの予備校講師はここがめんどくさい」など、毎週さまざまなお題が出され、Twitter上で「大喜利ーガー」（→p.41）と呼ばれる熟練の投稿者たちが白熱のバトルを繰り広げ、優秀作品は誌上に掲載される。

やきゅうがすきだから
はんしんにいく
【野球が好きだから阪神に行く】🗣

1978年オフ、「怪物」と称された江川卓のプロ入りをめぐる「空白の一日」騒動が球界を揺るがした。その結果、江川の交渉権を獲得した阪神と、江川と相思相愛の巨人との間でトレードが行われることで決着を見る。このとき、巨人から阪神に移籍することになった小林繁が言ったのがこのセリフ。女性ファンに大人気だった小林は、このひと言によって「悲劇のヒーロー」としてますます人気者に。

やきゅうだいすきますくまん
【野球大好きマスクマン】🧑

2019年4月の登場以来、球界をざわつかせている謎のYouTuber（→p.171）。公式動画によれば「野球大好きマスクマンとは、野球に関する色々なことに挑戦し続ける男なのである。そして、教えてと言われたら、誰にでも教えたくなる心優しき男」と説明されている。正体は不明。もちろん、川崎宗則（元ソフトバンクなど）とは無関係（とのこと）。

やきゅうはいいもんだぞ！
【野球はいいもんだぞ！】🗣

2005年限りでユニフォームを脱いだ野村謙二郎（元広島）が引退セレモニーで放った名言。子どもファンに向かって「今日集まっている子どもたち！　野球はいいもんだぞ！　野球は楽しいぞ！」と熱く語りかけた。

やせん【野選】守

フィルダースチョイス（→p.146）を和訳した「野手選択」の省略形のこと。スポーツ新聞では文字数の関係から、こう表記される。

やのがっつ【矢野ガッツ】人

試合中にもかかわらず感情の起伏を前面に出すことでおなじみの阪神・矢野燿大監督による歓喜のガッツポーズのこと。野村克也（元南海など）、広岡達朗（元巨人）ら歴代名将からは「監督とは常に泰然自若であるべき」と苦言を呈されているが、それでも気にせず、今日も元気にガッツポーズ！喜びを全身で表現する。

やまだてくと 人

選球眼（→p.101）に優れ、四球の多い山田哲人（ヤクルト）のこと。由来はもちろん「テクテク歩いて一塁に行く」ことから。同義語は「ウォーキングテツト」（→p.37）。

やるきまっくす！おりっくす！
【やる気MAX！ORIX！】言

バファローズの親会社であるオリックスグループのCMコピー。CM上でコピーライターに扮したイチロー（元オリックスなど）が自信満々に提案し、オリックス社員役の川栄李奈に「なんかベタ過ぎませんか？」と軽くあしらわれるも見事に採用。後に球団グッズでも発売され、ファンの間でもおなじみに。

やればできるは
まほうのあいことば
【やればできるは魔法の合言葉】言

甲子園でもおなじみの愛媛県・済美高校校歌のワンフレーズ。校歌らしからぬポップな歌詞で話題となった。福井優也（楽天）、鵜久森淳志（元ヤクルトなど）、高橋勇丞（元阪神）も在学中には大声で歌った。

やんちゃかぶり 他

帽子を後ろ前にかぶったり、浅くかぶったりすること。試合中のようにキッチリかぶるのではなく、練習中やグラウンド内の移動中など、ふとした瞬間に見せる柔らかくエモい表情がカメラマニアの撮影欲を刺激する。

ゆうしょうりょう 【勇翔寮】施

千葉県鎌ケ谷市にある日本ハムの選手寮。鎌ヶ谷スタジアムに隣接されており、若き日のダルビッシュ有（カブス）や大谷翔平（エンゼルス）も、ここで研鑽を積んだ。ちなみに西武の選手寮は「若獅子寮」と呼ばれている。

ゆーぜっとあーる 【UZR】他

「Ultimate Zone Rating（アルティメット・ゾーン・レーティング）」の略称。「同一リーグ内で同じポジションの平均的な選手が守る場合と比較して、守備においてどれだけの失点を防いだか？」を示す指標。グラウンドを細分化した「ゾーン」に区分した上で、各ゾーンに飛んだ打球の種類や速度を詳細に記録。リーグにおいて各ゾーンでどれだけのアウトが記録されたのかを算出した上で、個別の野手を評価する。平均を0とすると、プラスになればなるほど名手であり、マイナスになればなるほど守備が下手だと評価される。

ゆーちゅーばー 【YouTuber】メ

今や「小学生の将来なりたい職業ランキング」の上位を占めるYouTuber。野球界でも、続々とYouTubeを活用する選手やOBが増えている。元ロッテの里崎智也（→p.81）、高木豊（元日本ハムなど）、ダルビッシュ有（カブス）など、独自コンテンツで人気を博している。

ゆーにじゅうさん 【U-23】他

「U」とはアンダーの意で、23歳以下の選手たちのことを指す。それまでのU-21大会から、2016年には「WBSC U-23ワールドカップ」に変更。23歳以下の選手たちが世界一を目指す。

ゆきみまだいふくだ
【雪美馬だい福田】人

楽天からロッテにFA（フリーエージェント→p.148）移籍した美馬学、そしてソフトバンクからロッテに移籍した福田秀平を歓迎すべく、ロッテ球団が作成した架空のロッテ製品。SNS上では大きな話題を呼んだが、商品化の予定はないとのこと。元ネタはもちろんロッテの「雪見だいふく」だ。

ゆだんたいてき、
おでんたいやき 言

球界を代表するマスコットであるヤクルト・つば九郎の名言にして金言。

よういしゅうとう【用意周東】⑧

2019年のプレミア12で一躍注目を集めた周東佑京（ソフトバンク）。50メートルを5.7秒で走る俊足は球界屈指。試合終盤、どうしても1点が欲しい場面で周東をピンチランナーとして準備することを「用意周東」と呼ぶ。

よこはまもばげーべいすたーず
【横浜モバゲーベイスターズ】他

「モバゲー」で台頭したDeNAが球団運営に乗り出し、横浜ベイスターズの買収計画を発表した際に、一部スポーツ紙では「新球団名は横浜モバゲーベイスターズ」と報道された。これに対して、ネット上では「こんな名前イヤだ」とか、「7回まで中継して以降は課金制か？」など混乱の極みに達した。結局、「横浜DeNAベイスターズ」となることで一件落着。

よばんせんにちけいかく
【四番1000日計画】他

高校時代から「ゴジラ」の異名を誇っていた松井秀喜が巨人に入団した際に、当時の長嶋茂雄監督が打ち出した育成プランのこと。松井を真の四番に育てるべく、1000日かけて、長嶋の自宅やホテルで、両者はマンツーマンでスイングチェックを行ったという。

よみうりぐるーぷないでのじんじいどう
【読売グループ内での人事異動】言

2003年オフ、就任わずか2年で巨人・原辰徳監督は無念の辞任。3年契約の2年目での退任劇に世間は騒然としたものの、当時の渡辺恒雄オーナーは「辞任とか解任とかではなく、読売グループ内での人事異動」と説明。さらに世間をざわつかせることとなった。

よわきはさいだいのてき
【弱気は最大の敵】言

1982年の新人王にして、「炎のストッパー」としてならした故津田恒実（恒美）（元広島）の座右の銘。32歳でこの世を去った津田はマウンド上ではもちろん、病床においてもこの言葉を胸に闘病生活を続けた。古葉竹識元監督、山本浩二、達川光男ら、かつてのチームメイトたちは今でも津田との思い出を大切にしている。

ら

らいおんずれでぃーす
【ライオンズレディース】団

2020年4月に発足した西武公認のアマチュア女子硬式野球クラブチーム。監督には西武OBで、尚美学園大学女子硬式野球部監督も務める新谷博（元西武など）が就任。六角彩子、出口彩香ら侍ジャパン女子代表・マドンナジャパンの有望選手が所属し、ユニフォームは西武と同じものを使用。これは12球団初の試み。女子野球の発展は野球の底辺拡大につながり、ひいては次世代に野球を継承することでもある。他球団もこの流れに追随することを切に願う。

らいぱち 【ライパチ】人 作

「ライトで八番打者」の短縮形。転じて「役に立たない下手な選手のこと」をかつては意味していた。しかし時代は変わり、ライトの難しさや重要性が認識されたことで、この言葉は死語に。かつて読売新聞日曜版に連載されていた『ライパチくん』（吉森みき男）はほのぼのとした野球マンガの古典として人気がある。

らくてんいーぐるす おうえんぱふぉーまー
【楽天イーグルス応援パフォーマー】団

仕事や学業に忙しい私設応援団をサポートすべく、楽天が結成した応援組織。私設応援団有志と球団がタッグを組んで、より力強い応援を実現するために2018年シーズンからスタートした。応援リード担当、楽器担当を、オーディションで決定している。応援団、球場ビジョン、音響、スタジアムMCと一体になって東北の地を盛り上げる。

らくてんせいめいぱーくみやぎ
【楽天生命パーク宮城】場

県営宮城球場の別称。2005年から楽天の本拠地として使用されている。両翼100.1メートル、中堅122メートルで収容能力は30,508人。これまでに何度も名称変更を繰り返し、フルキャストスタジアム宮城、日本製紙クリネックススタジアム宮城、楽天Koboスタジアム宮城、Koboパーク宮城、楽天生命パーク宮城と変遷している。レフト後方には観覧車やメリーゴーラウンドも楽しめる「スマイルグリコパーク」（→p.98）が併設されている。

らっきーせぶんじんじゃ
【ラッキーセブン神社】他

2019年6月16日のロッテ対中日戦で5点差をひっくり返す劇的過ぎるサヨナラヒットを放った鈴木大地をたたえる神社。翌7月に建立され、決勝打を放った折れたバットが飾られた。また、お守りも同時発売された。しかし、この年のオフ、鈴木は楽天にFA（フリーエージェント→p.148）移籍。

らっきーぞーん 【ラッキーゾーン】 （場）

本塁打を出やすくするために、意図的に外野フィールドの内側までホームランゾーンを拡張したもの。和製英語。1992年まで甲子園球場に設置されていたが、現在は撤去されている。2020年時点では福岡PayPayドーム（ペペド→p.155）の「ホームランテラス」（→p.156）、ZOZOマリンスタジアムの「ホームランラグーン」（→p.156）がそれに当たる。

らふぷれー 【ラフプレー】 （試）

相手選手と激しく接触、衝突、チャージするような危険なプレーのこと。国際大会ではしばしば見られる。

らりーきゃっぷ 【ラリーキャップ】 （グ）

試合が劣勢のときに帽子を裏返したり、前後を逆にかぶったりして応援すること。アメリカでは「逆転する」「状況が変わる」ことを意味し、逆転勝利を祈る思いが込められている。オリックスでは「超攻撃型応援・ラリーキャップイベント」として、裏返しにかぶることのできるリバーシブルタイプのキャップ付きチケットを販売した。

らんすうひょう 【乱数表】 （史）

投手と捕手のサイン交換の際に使われていた、グラブに貼りつける表のこと。サイン盗み対策として、かつてのプロ野球で使用されていた。縦横4〜5マスの表に数字を書き込み、捕手からの合図によって投手が球種を確認していた。イニングごとに表を取り換えたり、縦と横の順序を変えたり、とにかく複雑で試合時間は長くなる一方だったため、1983年に当時の下田武三コミッショナーによって禁止された。

らんだうんぷれー
【ランダウンプレー】 （守）

走者を塁間に挟んでタッチアウトにするプレー。「挟殺プレー」「挟撃プレー」とも呼ばれる。瞬時の判断が要求され、同時に自軍選手との絶妙なコンビネーションも必要とされる高度なプレー。

オリックスのマスコット・バファローブルとバファローベルがゾンビになった新キャラクター「ラリーゾンB」があしらわれたオリジナルグッズ「ラリーゾンBキャップ」。リバーシブルになっている。

らんだせん【乱打戦】試

両チームとも打線が爆発し、点の取り合いとなるゲームのこと。両軍の投手陣が崩壊し、守備側の集中力も散漫となり大量点が入るケースが多い。点が入るため、一見すると華やかでにぎやかだが大味で退屈な試合になることが多い。

らんにんぐほーむらん
【ランニングホームラン】打

打球がフェンスを越えたホームランではなく、守備側の失策でもないボールが場内を転々としている間に、打者走者が一気にホームインするホームランのこと。和製英語。英語では「インサイド・ザ・パーク・ホームラン」と呼ばれる。

りーぐいちい【リーグ1位】タ

かつては、1年間のペナントレースを戦い抜いて、最終的に1位だったチームがリーグ優勝、晴れて日本シリーズに進出という流れが一般的だった。しかし、現在ではクライマックスシリーズ制度が導入されたことで、必ずしも「リーグ1位」と「日本シリーズ進出チーム」がイコールではなくなった。2018年、そして翌2019年のパ・リーグはともに、西武がリーグ1位となるものの、ポストシーズンでソフトバンクに敗れて涙を呑み、日本シリーズ進出はならなかった。

りーぐゆうしょう【リーグ優勝】タ

2018年、翌2019年と西武はパ・リーグペナントレースを制してリーグ優勝を飾ったものの、クライマックスシリーズでソフトバンクに敗れて日本一はおろか、日本シリーズ進出も逃した。かつては「リーグ優勝＝日本シリーズ進出」だったが、現在では「クライマックスシリーズ王者＝日本シリーズ進出」と変容した。

りくえすとせいど【リクエスト制度】制

2018年から導入されたビデオ判定のこと。監督が判定に対して不服がある場合、ビデオ映像によるリプレー検証を求めることができる。1試合につき2回まで権利の行使が認められ、判定が覆ればそのまま2回残り、判定通りならば1回ずつ権利が減る。MLBでは「チャレンジ制度」と呼ばれる。

りぽびたんでー【リポビタンD】食

ドラフト会議のスポンサーとしておなじみの国民的健康飲料。近年では「リポビタンD プロ野球球団ボトル」を発売するも、なぜか11球団分のみ。発売されていない1球団、それはヤクルト。仕方ないのでヤクルトファンは「タフマン」を飲むしかないのだ。大人の事情だ、仕方がない。

りゅうせんけいだせん
【流線型打線】打

かつて黄金時代を築いた三原脩監督率いる西鉄ライオンズ打線の総称。1957年の日本シリーズでは、一番・高倉照幸、二番・豊田泰光、三番・中西太、四番・大下弘、五番・関口清治と続く打線で、巨人を圧倒した。実に美しいネーミング。

りんごすたー 【リンゴスター】人

一般的にはザ・ビートルズのドラムのことを言い、野球界では実家が青森県弘前市で「外崎りんご園」を営む外崎修汰（西武）のことを指す。2019年6月の公式日程ポスターでも、「リンゴスター」の文字が躍った。

るーきー 【ルーキー】人

新人選手のこと。新人王の有資格者は「海外のプロ野球リーグ未経験者」「初めて支配下登録されてから5年以内」「前年までに投手は一軍で30イニング以内、打者は一軍で60打席以内」の選手に限られる。

るーきーおうえんあみだくじ
【ルーキー応援あみだくじ】サ

オリックスファンクラブが始めた独自のファンサービス。開幕前に届く会員証が入った封筒の裏には、全新人選手の名前が入ったあみだくじとともに、「応援するルーキーを見つけよう！」と書かれている。単純だけれどついついやってみたくなる。筆者は勝俣翔貴選手を応援することに決まった（笑）。

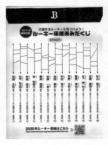

ファンクラブ会員証が入った封筒の裏に印字された「ルーキー応援あみだくじ」。当たった選手のことを急に意識し始めてしまうから不思議だ。

るーずしょるだー

【ルーズショルダー】他

肩関節がゆるく、正常範囲以上に可動域が広い状態のこと。これにより、常人では投げられない変化球を投げられる一方で、故障の原因ともなる。先天的なケースもあれば、酷使によって腱板機能や肩甲胸郭関節機能が低下するなど後天的なケースもある。「高速スライダー」で有名な伊藤智仁（楽天一軍投手コーチ）や斉藤和巳（元ソフトバンク）がルーズショルダーに苦しめられた。

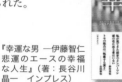

『幸運な男 ―伊藤智仁悲運のエースの幸福な人生』（著：長谷川晶一　インプレス）

れいぞうこぱんち 【冷蔵庫パンチ】史

2019年8月3日、横浜スタジアムで行われたDeNA対巨人戦8回表に「事件」は起こった。この回からマウンドに上がったスペンサー・パットン（DeNA）は、坂本勇人（巨人）に同点打を浴びて降板（→p.63）。怒りが収まらず、ベンチに戻ると同時に、冷蔵庫に強烈なパンチを繰り出した。その結果、彼は右手小指骨折という重傷を負った。シーズン終了後、「人生のあらゆる瞬間は学びの機会」とパットンはしみじみ語っている。ケガは人を哲学者にする。

れいわのかいぶつ 【令和の怪物】人

昭和の怪物・江川卓（元巨人）、平成の怪物・松坂大輔（西武）と続いた「怪物の系譜」に新たに現れた新時代の怪物、それが大船渡高校からロッテに入団した佐々木朗希だ。高校生としては日本歴代最速となる163キロをマークした剛腕はプロでどんな成績を残すのか？　詳しくはp.23を参照のこと。

れいわはつ〇〇【令和初〇〇】夕

2019年4月30日で「平成」は終わりを告げ、翌5月1日から、元号が「令和」に変わった。これを受けて5月1日は「令和初〇〇」ラッシュの一日となった。「初安打」は太田賢吾（ヤクルト）、「初ホームラン」は坂本勇人（巨人）、「初勝利」は菅野智之（巨人）、「初黒星」は山井大介（中日）などなど。この日はセ・リーグがデーゲーム、パ・リーグがナイトゲームだったので、ソフトバンクの武田翔太が記録した「令和初の危険球退場」が唯一の目ぼしいパ・リーグ選手による記録となった。

れお【令王】パ

「令和の王者」となるべく、2019年の西武が打ち出したスローガン。令王ユニフォームを着用したナインは、見事にリーグ連覇を達成。

れぷりかゆに【レプリカユニ】グ

選手に支給され、試合でも実際に使用されているユニフォームと（ほぼ）同じタイプのものを「オーセンティック」（→p.41）と呼ぶのに対して、機能性や素材では劣るものの耐久性を重視し、応援アイテムとしてファンが安価で気軽に入手しやすいタイプのものを「レプリカユニフォーム」と呼ぶ。

各球団から1万円前後で販売されていることが多い。ファンサービスの一環で、特定の試合日に無料で配布していることもある。

れんだ【連打】打

連続してヒットが出ること。

ろーすこあ【ロースコア】試

得点（スコア）があまり入らない試合のこと。一般的には両チームの投手のできがよくて打者が打ちあぐねている試合を指す。

ろっこうおろし【六甲おろし】他

正式名称は「阪神タイガースの歌」だが、世間全般では「六甲おろし」が定着。作詞は佐藤惣之助、作曲は古関裕而で、1936年に誕生。言わずと知れた阪神の球団歌で、現存するNPB（日本野球機構→p.126）12球団における最古の楽曲。

ろんぐてぃー【ロングティー】打

ネットに向かって打つのではなく、グラウンドに向けて打つティーバッティング（→p.114）のこと。実際にどこまで飛ぶのか、どんな当たりなのかをリアルに実感できること、きちんと強く振り抜くクセがつくことなどの利点がある。

れ

れいわはつ〇〇→ろんぐてぃー

わ

わーるどとらいあうと
【ワールドトライアウト】他

元プロ野球選手、独立リーガー、MLBのマイナーリーガー、社会人、大学生、高校生などなど、すべてのカテゴリーに門戸を開放したトライアウト。2019年秋に初めて開催され、清原和博（元西武など）が監督を務め、打撃コーチには片岡篤史（元日本ハムなど）、投手コーチには入来祐作（元巨人など）が就任したことで話題となった。しかし、NPB（日本野球機構→p.126）のスカウトは誰も来場せず、ここからNPB入りする選手はいなかった。

わいでっき【Yデッキ】場

2020年に横浜スタジアムに新設されたお散歩コース。2017年から運用されていた内野外周エリアが拡張され、スタジアム外周をぐるっと1周できるように。試合日にはマスコットのスターマンも出没予定。

わかきち【若き血】他

早稲田大学の「紺碧の空」（→p.74）に対して、ライバルである慶應義塾大学の応援歌が、この「若き血」だ。春と秋に行われる六大学野球の早慶戦、いや慶早戦では、塾生たちがこの歌を熱唱する。きっと、若き日の高橋由伸（元巨人）も、この歌に勇気をもらっていたはずだ。

わかだいしょう【若大将】人

「現代の名将」の名をほしいままにする巨人・原辰徳監督のニックネーム。すでに還暦を過ぎた今でも、若き日の愛称が今も変わらずに継続して使われていることに驚き

を禁じ得ない。本人も「たとえ爺さんになっても若大将でいたい」と発言。「終身名誉若大将」の称号を授けたい。

わかまついったー
【ワカマツイッター】ネ

現役時代には「小さな大打者」と称された若松勉（元ヤクルト）が2019年に開始したTwitterの俗称。若松さんらしいほのぼのとした動画に癒される人が続出している。

わにおとこ【ワニ男】人

かつて、ヤクルト、阪神に在籍したラリー・パリッシュの異名。1989年の来日時に「好きな食べ物はワニの肉だ」と発言したことで「ワニ男」と呼ばれるように。

わんさいどげーむ
【ワンサイドゲーム】試

一方的な大差がついた試合。類義語に「バカゲーム」、「アホ試合」、「乱打戦」（→p.175）など。

大賞

《 わかっちゃいるけど、いつもドキッとするで賞 》

ラジオ伸び

（投稿者：破死竜さん）

【意味】
外野に飛んだ打球が、ＴＶの映像では既にスタンドイン、もしくはキャッチされているのに、ラジオ放送上では、まだ「伸びるーー！」と表現されている状態のこと。

【長谷川評】
子どもの頃からいつも「ラジオ伸び」にはダマされていました（笑）。今でもダマされます。テレビや球場で見ていてもダマされます。でも、それこそラジオの醍醐味、魅力。実にすばらしい新語です！

《 長年お疲れさまでしたで賞 》

哲人・イチロー

（投稿者：三上隆志さん）

【意味】
鉄人といえば元広島カープの故・衣笠。連続試合出場記録を持つ偉大な選手だったが、鈴木イチローの場合は、徹底的に野球を哲学化し、ストイックに自身と野球の関係を問い続けてきた。野球を通じて心の在り様や人生の意味を追求したその姿に「深さ」を感じとることができる。

【意味】
最初は「山田哲人」がチラッと頭をよぎりました（笑）。しかし、哲学する野球人といえばやはり彼、哲学者・イチローを表現するのに実にふさわしい言葉だと思います。

《 せめて給料分は働きま賞 》

契約後悔

（投稿者：荒木一博さん）

【意味】
契約を結んだものの、結果がまったく伴わずに、球団、ファンが契約そのものを後悔しているさま。

【意味】
うまい！ 文字面を見ただけで意味が想像できる。それだけで優れた新語です。たった４文字の言葉なのに複数年契約の弊害が垣間見えてくる。実にすばらしい！

発表!!

プロ野球を愛する多くの方々に「オリジナルの言葉を作って！」と募ったところ、こちらの予想以上に応募が殺到。そこで、厳選に厳選を重ねた新語大賞を発表だ！

2021年に期待しま賞

進撃の稲葉ウアー
（投稿者：三上隆志さん）

【意味】
2006年冬季オリンピック、フィギュアスケートで金メダルを獲得した荒川静香。その決め技「イナバウアー」のような、2021年東京オリンピックでの稲葉篤紀監督の美しい野球に期待を込めて。決めポーズも稲葉ウアーでお願いしたい。

【長谷川評】
僕なら「進撃の」はつけずにシンプルに「稲葉ウアー」だけとしたかな？ぜひ稲葉篤紀には勝利の際の決めポーズに採用してほしい。

世の中にはもの好きがいるで賞

トゥエルバー
（投稿者：ヒゲ編さん）

【意味】
12球団ファンクラブ全部に入会しているコアなファンの方々。

【長谷川評】
世の中にはバカな人もいるものです。本書の作者である僕もそうですが、この言葉を作った「ヒゲ編」さんも、実はそんなもの好きの一人なのだとか（笑）。

すべての人に幸あれで賞

トライアウター
（投稿者：ミリさん）

【意味】
毎年年末に放送されるTBS『プロ野球戦力外通告 クビを宣告された男達』では華やかなプロ野球界の舞台裏で、トライアウトに必死で挑む選手たちの悲喜こもごもな様子が映し出される。そんな奮闘する男たちのこと。

【長谷川評】
これは普通に流行りそうな新語。不安と緊張の中でトライアウトに臨む男たち。すべてのトライアウターたちに幸あれと祈ります。

脂肪過多には注意しま賞

高コレステロール
（投稿者：あんどらごらさん）

【意味】
フライがあまりにも多いバッターのこと。我が家の食卓も、いつもフライばっかりで辟易する。スーパーで買ったコロッケにアジフライ。「手を抜くな。もっと本気でやってくれ」と言いたくなる。

【長谷川評】
「フライボール革命」全盛の現代においては、それほど悪くないのでは？ という気もするけど、生活習慣病にはご注意を！

すばらしき育成システムで賞

タマスタ育成工場
（投稿者：関口岳生さん）

【意味】
甲斐・千賀・牧原・石川・周東など、数々の一軍選手を育ててきたソフトバンクの三軍制育成システム。

【長谷川評】
しばしば「金満補強」が批判されがちのソフトバンクは、実は有望な「自社育成工場」も兼ね備える。強さの秘密はここにアリ。

○次点

ドロンボースワローズ
（投稿者：燕の子さん）

【意味】
試合に勝っていても、最終的に逆転されて敗北してしまうさま。

【長谷川評】
これはスワローズに限らず、すべてのチームに当てはまることでは？ あぁ、タツノコプロ。マージョ様、ドロンジョ様、ムージョ様！

たくさんのご応募ありがとうございました!!

おわりに

さぁ、『プロ野球語辞典』の第二弾もそろそろおしまいです。

前作の「おわりに」でも書きましたが、本書を読み返してみると、
「野球とは実に多くの言葉でできているスポーツだ」、
そんな思いが、ますます強くなりました。

最近できたばかりの言葉、今ではもうほとんど使われない言葉、
誰もが知っている言葉、一部のマニアだけが使っている言葉……。

野球というスポーツは、本当に豊穣な言葉とともにあります。
そうでなければ、こんな「辞典」が2冊も生まれるはずがありません。

はたして、第三弾は生まれるのでしょうか？
いつか来る「その日」を楽しみに待ちたいと思います（笑）。

本書刊行のきっかけは元号が「平成」から「令和」に変わったこと。
時代の移り変わりの中で、ますます野球の楽しさを伝えたい。
「昭和」、そして「平成」の野球の言葉を改めて振り返りたい。
そんな思いから、この本はスタートしました。

令和最初の開幕は新型コロナウイルスにより延期となりました。
この「おわりに」を書いている時点では開幕時期は未定のままです。
まさか、こんな非常事態が訪れるとは誰も想像していませんでした。

この騒動が終息したとき、再びプロ野球は始まります。
多くの人々に夢と希望と、生きる活力を与えてくれることでしょう。
野球の力は強いんです。プロ野球選手のパワーはすごいんです。

野球のある、幸せな人生を――。

2020年・球春到来を待ちながら――
長谷川晶一

俺たちの"プロ野球語"大募集！企画
本書に掲載した用語の投稿者 発表!!

「掲載用語募集キャンペーン」（2019/11/18〜2020/1/31）にご応募いただいた
用語のなかから、掲載用語の投稿者を発表！ たくさんのご応募、ありがとうございました。

7リーチ さん	スパンキー部長面 さん	関口岳生 さん
あーさん さん	ちゃこぶ さん	山際俊文 さん
オータニジュンコ さん	ヒゲ編 さん	山並大記 さん
グレン&クールボー さん	マチカネ さん	一柳博之 さん
ごっつ さん	森本利治 さん	
しまもとひろこ さん	りこぴん さん	

[資料提供・協力]

公益社団法人宮崎市観光協会

日本体育施設株式会社

株式会社海の中道海洋生態科学館

NPO法人那覇市体育協会

公益財団法人倉敷スポーツ公園

株式会社ディアステージ

公益財団法人宮崎県スポーツ施設協会

柏市地域づくり推進部スポーツ課

富山市スポーツ健康課

ゼット株式会社

公益財団法人松山市スポーツ協会

公益財団法人 丹後地域地場産業振興センター

HARD OFF ECOスタジアム新潟

株式会社ロッテ

阪神甲子園球場

公益財団法人松山市文化・スポーツ振興財団

リリーズ神田スタジアム

おさらい！
プロ野球の
基礎知識

プロ野球の歴史

現在のプロ野球がどのような変遷をたどってきたのか振り返ってみよう。

1930〜40年代 1934(S9)年に大日本東京野球倶楽部(現・巨人)が、1935(S10)年に大阪野球倶楽部(現・阪神)が誕生。1937(S12)年にリーグ戦がスタートし、現在のプロ野球の礎を築いた。

▼

1950年代 1950(S25)年に15球団となり、2リーグ制の幕が上がった。一時期、セ・パ8球団ずつ、計16球団のときもあったが、1958(S33)年に現行の12球団制となった。

▼

1960〜70年代 1965(S40)年よりドラフト会議が開始。新人選手はドラフト会議を経て入団が決まることに。輝かしいスターの活躍がある一方で、後ろ暗い事件も。制度の整備が進められていった。

▼

1980〜90年代 南海、阪急といったパ・リーグの老舗球団も身売りの憂き目に。それぞれ、ダイエー、オリックスとなる。日本人がメジャーリーグに次々と挑戦する新たな流れができてきた。

▼

2000〜10年代 2000(H12)年のシドニー五輪、2006(H18)年の第1回野球世界大会・WBC開催と、世界を相手に活躍する場が広がる。2005(H17)年には50年ぶりに新球団・楽天が誕生。2012(H24)年に横浜がDeNAとなり、現在に続く。

プロ野球年間スケジュール

プロ12球団の公式戦は概ね3月末頃から開幕する。1年の流れを押さえておこう。

シーズンオフ	**1月**	●自主トレーニング ●野球殿堂入り発表
キャンプ	**2月**	●春季キャンプ ●オープン戦開幕
オープン戦	**3月**	●公式戦開幕
レギュラーシーズン	**4月**	●開幕直後の試合では、来場者プレゼントを行うことも。
	5月	●交流戦
	6月	●球団主催イベントが増え始める

レギュラーシーズン	**7月**	●オールスターゲーム
	8月	●夏休みイベントが花盛り
	9月	●首位争いがヒートアップ
ポストシーズン	**10月**	●クライマックスシリーズ ●日本シリーズ ●ドラフト会議
シーズンオフ	**11月**	●秋季キャンプ ●契約更改 ●合同トライアウト ●ファン感謝デー
	12月	●自主トレーニング

球場へ行ってみよう！

球場ってどんなところ？　行ったことがない人はここで予習しておこう。

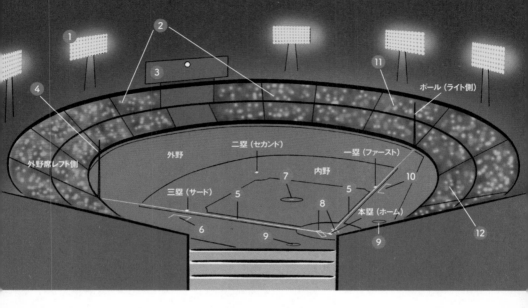

図中ラベル：
- 1（照明塔）
- 2（外野自由席）
- 3（スコアボード）
- 4（ポール）
- ポール（ライト側）
- 11（外野指定席）
- 外野席レフト側
- 外野
- 二塁（セカンド）
- 一塁（ファースト）
- 7
- 内野
- 三塁（サード）
- 5
- 5
- 10
- 8
- 本塁（ホーム）
- 6
- 9
- 9
- 12

❶ 照明塔
球場全体をクリアに照らすカクテル光線。近年では横浜スタジアム、福岡PayPayドームなどで全面LED化が実現。ますますクリアにプレーを楽しむことができるようになった。

❷ 外野自由席
チケット代は比較的安価で、トランペットや太鼓が賑やかな応援団が陣取り、大声を出して応援するのに最適。応援を通じて一体感が生まれ、初めて会う人ともすぐに仲良しに。ワイワイ楽しみたい人向け。

❸ スコアボード
両チームの得点経過やヒット数、ボール、ストライク、アウトカウント、出場選手などがひと目でわかる電光掲示板。詳しくはp.188〜189で解説しよう。

❹ ポール
外野スタンドへの飛球がフェアゾーンに飛び込んだホームランなのか、それともファウルなのかを判別する際に基準となる。ポールの内側か外側かがポイントに。ライトとレフト、2本のポールがある。

❺ ファウルライン
ライト線、レフト線の内側であるフェアゾーンに転がればプレーは続行。このラインの外側はファールとなり、プレーは中断される。一塁側のラインを「一塁線」、三塁側のラインを「三塁線」と呼ぶことも。

❻ 三塁側コーチスボックス
一塁コーチと同様に三塁ベースコーチが待機するエリア。ベンチからの指示を受けてブロックサインを出したり、走者に走塁の指示を出したり、責任重大な立場。

❼ ピッチャーマウンド
ピッチャーが立って投げる場所で、少し小高くなっている。ホームベースから18.44m離れたところにピッチャープレートが設置されている。

❽ バッターボックス
打者は順番に一人ずつ、左右どちらかのバッターボックスに立ち、投手と対峙する。右打ちなら三塁側、左打なら一塁側の枠内に入る。

❾ ネクストバッターサークル
文字通り、次に打席に立つ打者が控えるスポット。一塁側、三塁側にそれぞれ一つずつ。

❿ 一塁側コーチスボックス
白線で囲まれた枠内に一塁側ベースコーチが立ち、一塁走者にアドバイスを送る。

⓫ 外野指定席
チケット代は自由席よりも少し高額に。ライト側、レフト側、それぞれに設置されている。近年では寝転んで見られる席、畳敷きシートなど、さまざまな趣向が凝らされている。

⓬ 内野指定席
グラウンドに近く、選手たちの迫力あるプレーが間近で堪能できる。外野席よりは高価で、基本的には一塁側がホーム、三塁側がビジターチームの応援席となる。バックネット裏は球筋までハッキリわかる。トランペットなどの応援団はいない。

スコアボードの見方と打順

AV
アベレージの意味。前の打席までの打率を表し、小数点以下で表示される。

HR
ホームランの意味。前の打席までのシーズン中の本塁打の数。

RBI
RUNS BATTED INで打点のこと。その選手が打ったヒットによって、何人がホームに戻って得点できたかを表す。

打順
出場選手名は打順で表示され、守備位置または守備記号が併記される（詳細はp.190〜191を参照）。打順は監督の戦略が表れるものだが、セオリーとして広く浸透している考え方がある。

1番……出塁してチームに勢いをもたらす役割。選球眼に優れ、俊足巧打の選手。

2番……出塁したランナーを確実に進めるためのバントを、高い割合で成功させることができる技術が必要。

3番……出塁したランナーを進めて生還させ、主砲につなげたいため、打率の高い選手が有効。

4番……1、2、3番が出塁して、4番のホームランで一挙4点取れるのが理想。強打者が据えられる。

5番……初回に2人ランナーが出れば、打順がまわってくる。強打の選手が多い。3〜5番が打線の中心。

6番……試合の流れによってはおいしい場面がまわってくることもあり、長打を打てる選手を置きたい。

7番……下位打線のなかの2番打者として、上位につなぐバッティングが使命。器用さも必要。

8番……7番や8番は、相手打者攻略に専念できるようにと、キャッチャーが据えられることも多い。

9番……打席がまわってくる回数が相対的に少ないため、ピッチャーがこの打順になることが多い。

※DH制／パ・リーグ主催試合では、DH制が導入されている。DHとは指名打者のことで、守備は行わない打撃専門の選手をさす。クリーンナップに入ることが多く、守備位置の欄にDHと表示される。

PL、1B、2B、3B、LL、RL
審判名が表示される。PLは主審（球審）で投球がストライクかボールかを判定する。○Bは塁審で1Bは一塁、2Bは二塁、3Bは三塁を担当。○Lは線審で、Rはライト側、Lはレフト側を担当する。

イニング（回）、得点

1回から9回まで、イニングごとに、その回にあげた得点が表示される。

時計

現在時刻の他に、試合経過時間が表示されるところも。たとえば、試合が始まって3時間10分を示す場合は、「TIME　3：10」と表示される。

B（ボール）

ストライクゾーンからはずれた投球のこと。ボール4つでフォアボールとなり、打者は一塁へ進塁できる。

S（ストライク）

投球がストライクゾーン内を通過したり、打者が空振りしたりすると1ストライク。3ストライクで1アウトとなる。2ストライクまではファウルボールもストライクにカウントされる。

O（アウト）

3アウトで攻守交代（チェンジ）となる。

AV HR RBI

6 7 8 9 R H E

R　合計得点
H　ヒット数
E　エラー数

B
S
O

H、E、Fc

それぞれ、ヒット、エラー、フィルダースチョイスを表す。今の打球がヒットなのかエラーなのか、フィルダースチョイス（野選）なのか判別しかねる場合に、公式記録員のジャッジをランプの点灯によって観客に伝える。

ストライクゾーン

打球の種類

ゴロ

地面に触れて進む打球。グラウンダーとも。

フライ

放物線を描きながら高く上がる、ノーバウンドの打球。

ライナー

直線的に進む、ノーバウンドの打球。

守備位置を覚えよう!

試合に出場する9人の選手には、それぞれ大切な役割があり、全員が自分の役割をまっとうすることで、強いチームとなる。

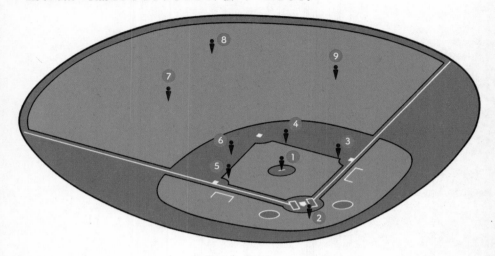

❶ ピッチャー 《投手》 1またはP

打者にボールを投げる役割。投手が投げなければ試合は始まらず、勝敗を左右する大事なポジション。各チーム5〜6人の先発投手をそろえて、ローテーションを組みながら1シーズンを戦い抜く。また先発投手の後を受けてリリーフ、抑え、左打者専門など、さまざまな役割を担う投手も存在。

❷ キャッチャー 《捕手》 2またはC

しばしば「女房役」「扇の要」と呼ばれ、投手の能力を引き出し、相手打者を翻弄する役割を担う。捕手のリードが冴えれば、投手も気持ちよく好投する。それまでの対戦成績の記憶力、相手打者の狙いを探る洞察力や観察力が非常に重要。

❸ ファースト 《一塁手》 3または1B

各野手からの送球を受ける機会が多く、捕球能力に優れている選手が適任。背の高い選手、身体的に柔軟性のある選手が多い。また、打球を取ってステップせずにすぐにセカンド、サードに投げられるため、左利きの選手が任されることも。

❹ セカンド 《二塁手》 4または2B

一二塁間、二遊間に転がる難しい打球を処理する幅広い守備範囲が求められ、俊敏な選手が就くことが多い。ショートと同様に投手からの牽制球やバント処理の際の一塁へのベースカバーなど細かく複雑なプレーも多く、野球をよく知っている冷静沈着な選手が適役。

❺ サード 《三塁手》 5または3B

別名「ホットコーナー」と呼ばれるほど、強い打球が飛んでくることが多いポジション。三塁線を破る鋭い打球にダイビングキャッチを試みたり、ボテボテのゴロに対して、猛然とダッシュをしてジャンピングスローをしたりと派手な動きが多い。

❻ ショート 《遊撃手》 6またはSS

セカンドと同様、広い守備範囲と俊敏さ、そして一塁送球の際の強肩も求められる。ダブルプレーのパートナーであるセカンドとは息の合ったコンビネーションが必要。

❼ レフト 《左翼手》7またはLF

外野手としてはセカンド、サード、ホームへの送球が求められるものの、セカンド、サードまでの距離が近いため、肩や守りに不安のある選手が任されることが多いポジション。DH制のないセ・リーグでは打撃優先で、守備に自信のない選手や外国人選手が守ることも。

❽ センター 《中堅手》 8またはCF

広い外野の中心を任されるだけあって、右に左に、前に後ろに打球を追いかける俊足と幅広い守備範囲、さらに強肩が求められるポジション。打球が飛んだときには両サイドを守るレフトとライトのバックアップも必要で、運動量はとにかく多い。

❾ ライト 《右翼手》9またはRF

イチロー（元オリックスなど）による矢のような送球「レーザービーム」に象徴されるように、サードやホームへ鋭く送球する強肩が求められる。右打者の放ったライトへの打球はどんどんライン際に切れていくので捕球が難しい。内野ゴロの際にも一塁へベースカバーに走る必要があり、センター同様、運動量は多い。

投手分業制

投手の負担を軽減するため、1試合につねに数人のピッチャーをベンチ入りさせ、試合展開によって継投することが多い。投手の起用が試合を大きく左右するため、支配下登録の半数以上を投手としているチームがほとんどだ。投手の適性を見極めて起用することが、監督の腕の見せどころとなる。

先発……エースと呼ばれるのはこのタイプ。失点を抑えて自軍にとって有利な試合展開をつくることが重要。初回から5回まで投げ終えた時点でチームが勝っていて、そのままチームが勝てば、勝利投手の権利を得ることができる。

中継ぎ……先発のあとを受けてリリーフする。リードしている場面で逆転されないことが重要。そのままリードを保つことができれば、ホールドポイントが記録される。先発が打ち込まれて早々に交代となった場合は、ロングリリーフをすることも。

抑え……自軍がリードしている場面で、勝ちを確実なものにするために送り出される守護神的存在。絶対に逆転されてはいけないというプレッシャーがつねにつきまとう。クローザーとも。見事、抑えきることができれば、セーブポイントが記録される。

※上記以外に、近年では「オープナー」、「スターター」といった序盤の短いイニングを投げる投手の起用法もためされている。

審判のジェスチャーまとめ

1球1球をジャッジする審判のジェスチャーは何を表しているのか押さえておこう。

基本姿勢
ボックススタンス／シザーススタンス

プレイ
プレイ！

ストライク
基本スタイル／独自のスタイル
ストライク！／ストライク！

ボール
ボール

アウト
アウト！

セーフ
セーフ！

ファウル！／タイム！
ファウル！タイム！

基本の球種

投手はストレートのほかにさまざまな変化球を投じる。とくにポピュラーなものは覚えておきたい。

ストレート

投球の基本。空気抵抗を受けて沈みつつも直進する球で、もっとも球速が出る。

カーブ

投手が最初に覚える変化球の王道。緩やかなスピードで上下や左右に曲がり、打者のタイミングをはずす。

スライダー

カーブよりも球速があり、リリースした腕と反対の方向に曲がる球。決め球としてもカウント稼ぎにも使える。

シュート

リリースした腕と同じ方向に曲がる球。打者の胸元をえぐるような鋭さがあるが、コントロールが重要。

チェンジアップ

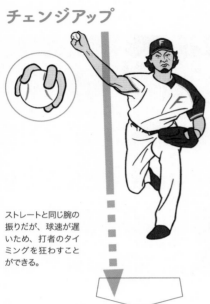

ストレートと同じ腕の
振りだが、球速が遅
いため、打者のタイ
ミングを狂わすこと
ができる。

ナックルボール
ナックルカーブ

ナックル
カーブ

ナックル
ボール

ボールになるべく回
転を加えないことに
よって、大きな空気
抵抗を受け、予測不
能な動きをする魔球。

シンカー

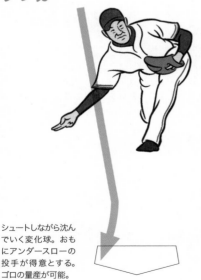

シュートしながら沈ん
でいく変化球。おも
にアンダースローの
投手が得意とする。
ゴロの量産が可能。

フォーク

ストレートの軌道のまま、
打者の手元でストンと落
ちる変化球。はさむ指の
間隔で落差が変わる。

スプリット

フォークよりも浅くはさみ、
落差を少なくした球。打
ち損じの凡打を狙う。

パームボール

手のひらでボールをつか
んで、押し出すように投げ
る球。回転数が少なく球
速が遅い。

よく出る 野球単語集

戦時中に英語が使えなかったことの名残で、現在でも野球用語には英語と日本語が混在している。
どちらもよく使われるので、覚えておくと便利だ。

日本語	英語
基本単語	
一塁	ファースト
二塁	セカンド
三塁	サード
本塁	ホーム
右翼	ライト
左翼	レフト
中堅	センター
走者	ランナー
打者	バッター
打者走者	バッターランナー
投手	ピッチャー
捕手	キャッチャー
審判	アンパイア
記録員	スコアラー
回	イニング
打撃	バッティング
投球	ピッチング
失策	エラー
盗塁	スチール
守備位置	ポジション
打席	バッターボックス
生還、得点	ホームイン
合計得点	ランニングスコア
得点圏	スコアリングポジション

日本語	英語
基本単語	
交錯	クロスプレー
大リーグ	メジャーリーグ、MLB
球団	チーム
観客席	スタンド
完全試合	パーフェクトゲーム

アウトに関する語	
死	アウト
無死	ノーアウト
一死	1アウト
二死	2アウト
併殺	ダブルプレー、ゲッツー
封殺	フォースアウト

投手・捕手に関する語	
救援、継投	リリーフ
直球、真っ直ぐ	ストレート
内角	インコース
外角	アウトコース
高め	ハイ
低め	ロー
暴投	ワイルドピッチ
後逸	パスボール
勝利数争い	ハーラーダービー

日本語	英語
打撃・走塁に関する語	
安打	ヒット
単打	シングルヒット
二塁打	ツーベースヒット
三塁打	スリーベースヒット
本塁打	ホームラン
適時打	タイムリーヒット
四球	フォアボール
死球	デッドボール
代打	ピンチヒッター
代走	ピンチランナー
強打者	スラッガー
首位打者	リーディングヒッター
先頭打者	リードオフマン、トップバッター
邪飛	ファウルフライ
飛、飛球	フライ

その他の基本用語解説

凡退……出塁できずにアウトになること

残塁……3アウトまでに生還できなかった走者がいること

犠打……送りバントのこと

中継……外野まで飛んだ打球を捕球した選手から投げたいところまでを、ほかの選手が間に入ってつなぐこと。

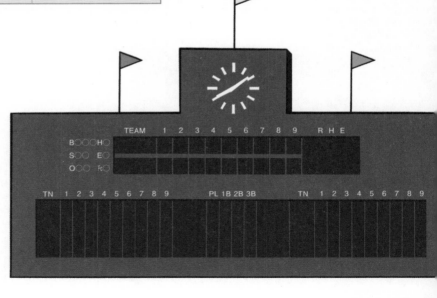

カテゴリ別 INDEX

199

著者 **長谷川晶一**

1970年5月13日生まれ。早稲田大学商学部卒業。出版社勤務を経て、2003年にノンフィクションライターに。2005年よりプロ野球12球団のファンクラブすべてに入会する試みを始め、2020年まで16年連続で継続中。現在、「12球団ファンクラブ評論家」の肩書きを商標登録済み。野球関連の著書多数。

絵 **佐野文二郎**

1965年11月3日生まれ。イラストレーター。『野球太郎』（廣済堂出版）の表紙において発泡スチロールを削りだした立体イラストを制作。『週刊ポスト』（小学館）で連載中の高田文夫氏の人気コラム「笑刊ポスト」の挿画を担当している。江夏豊のファン。

デザイン 鷹觜麻衣子、中山詳子、渡部敦人（松本中山事務所）
撮影 田中一矢 吉井裕志
執筆協力 松井美穂子 竹野愛理
編集協力 山口紗佳 伊原明日香
編集 佐藤菜野可

プロ野球にまつわる言葉をイラストと豆知識でズバァ──ンと読み解く

プロ野球語辞典 令和の怪物現る！編

2020年5月15日 発 行 　　　　　　　　　NDC783

著 者 長谷川晶一
絵 佐野文二郎
発行者 小川雄一
発行所 株式会社 誠文堂新光社
〒113-0033 東京都文京区本郷3-3-11
（編集）電話 03-5805-7762
（販売）電話 03-5800-5780
https://www.seibundo-shinkosha.net/
印刷・製本 図書印刷 株式会社